CIPFA Japan Textbook No.2

大学経営国際化の基礎

[監修]

石原 俊彦

[著者]

荒木 利雄

関西学院大学出版会

大学経営国際化の基礎

監修者はしがき

　大学の国際化は、海外からの留学生の受け入れと海外への留学生の送り出しを通じて、教育と研究のグローバル化を推し進めることを企図している。大学「経営」の国際化は、大学の国際化を経営の側面から具体的に展開するマネジメント手法の構築を目的とするものである。もとより教育と研究の二つの側面だけで大学を国際化することはできない。大学経営の国際化には、経営学の知見を大学運営に積極的に導入し、国際化のマネジメントを支えるマーケティング戦略やロジスティックス・財務管理などの経営的な実務フレームワークの構築が不可欠となる。

　本書は、大学経営の国際化に直面する大学の経営者・管理職を対象に、大学経営の国際化についての基礎的な内容を解説している。そして、国際化を実現するための支援システムとして注目されるバランス・スコアカード、シナリオ・プランニング、ベンチマーキングなどの手法を詳細に考察している。本書の特徴は、大学経営の国際化を円滑に推進するために必要な思考のフレームワークを提供する研究書であり実務書であるという点にある。

　本書の著者である荒木利雄氏は、龍谷大学グローバル教育推進センター事務部長の要職にあり、大学経営の国際化を第一線でマネジメントする大学の幹部職員である。またそれと同時に現在、関西学院大学大学院経営戦略研究科博士課程後期課程で監修者の研究室に所属し、大学経営の国際化を研究テーマに博士論文を執筆中の研究者でもある。本書は大学経営の国際化という非常に実務的な課題を、研究者の視点で1冊の書物に集約したという点で、大きな社会貢献実績であると考えられる。本書に記載された知見がわが国の多くの大学関係者に共有されることで、牛歩の歩みと目される日本の大学の国際化がいよいよ動き始めると期待される。

　本書の編集に際しては、監修者の研究室に所属し現在は大学で教鞭をと

る次の4名の研究者から有益なアドバイスをいただいた。多面的なアドバイスを通じて本書の内容はブラッシュ・アップされ、荒木利雄氏の顕著な研究成果として社会に送り出すことが可能になった。ここに記して感謝の意を表したい。

遠藤尚秀教授　　　（福知山公立大学地域経営学部）

井上直樹専任講師　（福山大学経済学部）

酒井大策専任講師　（常葉大学経営学部）

丸山恭司准教授　　（愛知工業大学経営学部）

なお、本書は英国勅許公共財務会計協会（CIPFA）日本支部の出版補助を受けて、CIPFA Japanテキストブックシリーズの第2号として刊行されるものである。

2017年5月

監修者　石原　俊彦

ま え が き

　インターネットの普及によって、世界各国で急速に社会や経済のグローバル化が進んでいる。企業は競争力を確保すべく、グローバルに活躍することのできる人材の獲得・育成に躍起になっている。日本政府はグローバル環境のなかで競争力を維持するために、研究力の向上やグローバル人材の育成が急務であるとして、大学の国際化・グローバル化を促進するための補助金政策を次々と打ちだしている。そのなかでもとりわけ、2014 年の「スーパーグローバル大学創成支援」事業は、なかなか進展しない日本の大学の国際化・グローバル化を進めるための文部科学省の重点的な補助支援事業である。

　グローバル化が進む社会のなかで、日本という国が国際的な競争力を保持するために、日本の大学は、研究および教育における競争力を維持・確保することが求められている。研究力および教育力を向上させるためには、優秀な外国人研究員や外国人留学生を獲得することが求められ、さまざまな観点からの国際化・グローバル化が必要になっている。また、産業界は大学に対して、グローバルに活躍できる人材を育成するよう求めている。グローバルに活躍できる人材を育成するという大学の使命を果たすためには、都市部にある大学だけではなく、地方にある大学もまた、社会や地域経済の活性化のためにさまざまな観点から国際化・グローバル化しなければならない。

　大学に国際化・グローバル化が求められているなか、日本の 18 歳人口は減少を続けており、日本の大学は厳しい経営環境下に置かれている。また、関東圏を中心とする都市部への若年層の集中が止まらないという深刻な事態が続いており、地方大学は非常に厳しい経営環境にある。地方経済が疲弊しているなか、地方企業もまた、将来を担う若者人材の確保に苦労している。このような状況で、地方大学は、国立大学や公立大学、私立大

学の設置形態のいかんにかかわらず、地域経済活性化の核となることが期待されているが、生き残りをかけていかに受験生を獲得していくかに腐心している状況である。

ICT が急速に進歩し、現代社会や経済がグローバル化しており、大学経営にとって国際化・グローバル化は必須の要件であり、これからますます重要な戦略となるはずである。グローバル化した社会に対応した社会が求める世界で活躍できる人材を育成していくことは、すべての大学において根本的な使命といえる。しかし、日本の大学の国際化・グローバル化は、欧米だけでなくアジア各国の大学と比較しても、十分に進んでいる状況とはいえない。

本書では、多くの大学で国際化・グローバル化が進まない現況を踏まえ、なぜ大学が国際化・グローバル化しなければならないのかその背景や理由を考察し、国際・グローバル戦略に必要となる促進要因と阻害要因を明らかにしながら、大学の国際化・グローバル化を推進するためのフレームワークについて考察している。日本の大学経営において、大学の国際・グローバル戦略は、最重要戦略の一つとして今後ますます位置づけられるようになるであろう。

また、大学経営国際化の基本的な内容に加え、今後の大学経営に大きな影響を与える可能性の高い世界大学ランキングの動き、海外における高等教育の最新の動向、変化し続ける経済情勢、新たに広がりつつあるオープンエデュケーション、インタビューを行ったスーパーグローバル大学の直近の動向（数値目標に対する達成状況）、大学経営に必要な財務の視点などについて、分析と考察を行っている。

この場をお借りして、インタビューに応じてくださった先生方に改めて御礼を申し上げる。また、関西学院大学大学院経営戦略研究科の石原俊彦教授には平素から多大なるご指導をいただいた。ここに改めて感謝申し上げたい。

2017 年 5 月

荒木　利雄

目　次

第1章

大学経営国際化の必要性

　インターネットの普及によって、社会のグローバル化が加速度的に進展し、企業の経営環境も激的に変化している。そして、企業経営のあり方そのものが多様化し、企業は競争的環境のなかで、生き残りをかけて市場を世界各国に広げなければならなくなっている。日本の企業も例外ではなく、そのために企業は、グローバルに活躍することができる人材の獲得に躍起になっている。

　日本政府は、そういったグローバル環境のなかで、日本が競争力を保持するためには、研究力の向上やグローバル人材の育成が急務であるとして、わが国の国際化・グローバル化を推進する 2008 年度「留学生 30 万人計画骨子」（文部科学省他 2008）を発表した。そのなかでは、2020 年度をめどに受入留学生数 30 万人を目指して、日本への留学生誘致の促進、大学等の国際化・グローバル化の推進、入試・入学・入国の入り口の改善、受入れ環境づくり、卒業・修了後の社会の受入れの推進を掲げている。そして、大学等の国際化・グローバル化の推進を図るべく、文部科学省の補助金事業として直近では、2009 年に「大学の国際化のためのネットワーク形成推進事業」いわゆる「グローバル 30」として 13 大学が採択された。「グローバル 30」は、日本の大学の研究力の向上とグローバルに活躍できる人材の育成を目的とした補助事業である。そして、文部科学省は、2014 年には「スーパーグローバル大学創成支援」事業として、日本の大学の国際化・グローバル化を一層促進すべく 37 大学を採択した。

　18 歳人口の減少期にあって、日本の大学は国公立大学や私立大学といった設置形態の如何にかかわらず、厳しい競争環境のなかにある。研究

大学は、海外の大学との競争環境のなかで、競争力を維持・確保すること
が求められている。また、地方にある国立大学や公立大学は、学生の県外
への流出、つまり関東圏を中心とする都市部への若年層の流出に歯止めが
かからず、受験生の獲得に苦心している。そのような環境のなか、グロー
バル戦略は、大学経営にとってこれからますます重要な戦略となる。ICT
が急速に進歩し、現代社会や経済はグローバル化している。そのような社
会で活躍できる人材を育成していくことは、設置形態や規模などにかかわ
らず、すべての大学における根本的な使命である。

　しかし、各大学が国際化・グローバル化しているかといえば、多くの大
学でまだ国際化・グローバル化が進んでいるとはいえない。日本政府が、
大学の国際化・グローバル化のために「スーパーグローバル大学創成支援」
事業を実施しているのがその証左であるといえる。英語で授業を教える教
養や専門的な科目が十分に開講されていない、英語による授業だけで学位
が取得できる課程がない、外国で学位を取得した教員や外国での研究・教
育歴のある教員、外国人教員の数が少ないなど、大学教育の国際化・グ
ローバル化が進んでいない状況がある。近隣アジア諸国であるシンガポー
ル、マレーシア、タイ、台湾、韓国などの大学では、英語圏、非英語圏の
如何にかかわらず多くの外国人留学生を受け入れて、英語による授業や学
位課程が豊富に展開されている。

　国際化・グローバル化は財政的に負担の大きい大学経営戦略である。海
外からの留学生を受け入れるには、留学生寮を整備するためにイニシャル
コストやランニングコストがかかる。また、受入れプログラムの構築・維
持には相当の人件費（教員手配やプログラム作成等）も必要となる。それ
らを日常的に運営・サポートするための組織や人的資源も必要となる。ま
た、海外から優秀な教員を招聘するにも相当の給与や生活面でのサポート
が必要となる。加えて、海外において研究やリクルーティングの拠点を形
成・維持しようとすれば、莫大なコストがかかる。

　大学は、1人でも多くの学生が海外に飛び出し、多様な価値観や文化に
触れ、異文化を理解し、多様性を受容する力を身につけ、コミュニケー
ションツールとしての語学力を獲得できるよう、多様な留学機会を創出す

ることが求められている。また、一歩前に踏み出す力やチャレンジ精神、行動力といった汎用的な能力もグローバル社会のなかで求められている能力であり、それらを身につけるためにも留学は絶好の機会といえる。そして、多くの日本人学生を海外に送り出すためには、財政的軽減・支援策として奨学金制度を整備していく必要がある。

日本という国が競争力を保持するためには、日本の大学が研究力を確保し、グローバルに活躍できる人材を育成する必要がある。そのために日本の大学は、さまざまな観点から国際化・グローバル化しなければならない。

日本の経済は一定回復基調にあるというものの、関東圏への人口集中が進み、地方社会や地方経済は疲弊している。地方創生として、政府は 2015 年 6 月 30 日に「まち・ひと・しごと創生基本方針 2015」を閣議決定し、地域経済の活性化に向けた総合的な取り組みの必要性や、地方創生のなかで改めて大学が果たすべき役割の重要性を謳っている。大学経営の国際化を進めるにあたっては、このような状況についても十分に考慮していかなければならない。

第2章

高等教育を取り巻く外部環境

1 今後のグローバル環境

　ICT の急速な発展により、経済のグローバル化が進み、社会のグローバル化が進展している。グローバル化が進むということは、経済や社会のボーダレス化が進み、国と国、国と地域、地域と地域などの間に、相互依存的な関係が生じるということである。

　2008 年 9 月アメリカの投資銀行であるリーマン・ブラザースの経営破綻をきっかけに、世界的な金融危機が起きたことは記憶に新しいところである。また、中国経済の減速がささやかれるなか、中国国民銀行による人民元の切り下げは、アジア通貨危機を引き起こすのではないかと危惧されたことも記憶に新しい。地政学的なリスクとして、たとえば、シリア難民問題が挙げられる。2011 年 3 月以降にシリア国内で起きたデモが激化したことによる内戦によって、2015 年、国連難民高等弁務官事務所（UNHCR）の発表によると、400 万人を超える難民が国外で避難生活を強いられているという。この問題は、当該紛争地域だけではなく、欧米諸国に移民が流入し、当該国の経済を揺るがすほどの問題となっている。

　また、世界各国で頻発しているテロ事案は、世界を震撼させ続けている。2015 年 11 月 13 日には、フランスの首都パリで起きた同時テロで、約130 人が犠牲となり、世界を動揺させ、負の連鎖が広がっている。また、感染症関連では、2014 年に西アフリカに端を発したエボラ出血熱は、瞬く間に世界を震撼させた。また、2015 年 6 月から 7 月にかけて韓国では

MERS（マーズ）中東呼吸器症候群が猛威をふるい、韓国経済に大きな打撃を与えた。このようにグローバル化した社会では、一国やある地域で起きた事象が瞬く間に世界中に広がるといった現象が多くみられるようになった。すなわち、グローバル化した社会とは、不確実性が増した社会であり、予測困難なリスクの高い世界であるといえる。

　国際化・グローバル化を進めている高等教育界においても、リスクに適切かつ迅速に対応していくことが求められている。18歳人口の減少期にあって、受験生獲得競争は厳しさを増すばかりであり、財政的に厳しい大学が増えている。多様なリスクに適切かつ迅速に対応していくことによって、財政的なリスクも減じることができるはずである。特に国際・グローバル戦略は財政的負担の大きな戦略であることから、将来の予測を行い、いち早く迅速な対応や戦略を練り実施し、競争優位を確保していくことが重要である。

　そこで本章では、まずシナリオ・プランニングという手法を用いて、グローバル戦略にかかるシナリオの作成を試みる。シナリオ・プランニングの策定にあたっては、日本の大学の国際競争力の向上やグローバル人材の育成を目的とした「スーパーグローバル大学創成支援」事業に採択されたスーパーグローバル大学の経営層トップに直接インタビューを実施し、そのヒアリング結果をもとに分析を行った。

　「スーパーグローバル大学創成支援」事業は、世界レベルの教育研究を行うトップ大学や、先導的試行に挑戦しわが国の大学の国際化を牽引する大学など、徹底した国際化と大学改革を断行する大学を重点支援することにより、わが国の高等教育の国際競争力を強化することを目的としている。また、重点的に支援する大学をタイプA（トップ型）とタイプB（グローバル化牽引型）の2タイプに分けている。タイプA（トップ型）には、世界ランキングトップ100位以内を目指す力のある大学を支援するとして13大学が採択されている。タイプB（グローバル化牽引型）には、これまでの取り組み実績をもとにさらに先導的試行に挑戦し、わが国社会のグローバル化を牽引する大学を支援するとして24大学が採択されている（文部科学省 2014c）。

　シナリオ・プランニングは、1970 年代の石油危機に際して、当時のロイヤルダッチ・シェル社が、将来起こりうる環境について分析を行い、いくつかのシナリオを事前に描いておくことによって、不測の事態に適切かつ迅速に対応することができ、業界シェアを急速に伸ばしたことでよく知られている。シナリオ・プランニングは、不確実性の高い社会にあって、組織が適切かつ迅速に意思決定ができるように支援する手法であり、戦略策定やリスクマネジメントに資する戦略のための思考ツールである（Van Der Heijden 1998, 邦訳, pp. 4-14)。

　シナリオ・プランニングは、起こりうる未来を予測し、極端な複数のシナリオを設定して、環境変化に対応するものである。マクロな外部環境を分析するにあたっては、PEST 分析が有効である。PEST 分析は、政治的な要因（規制や法律、P=Politics)、経済的な要因（E=Economy)、社会的な要因（S=Society)、技術的な要因（T=Technology）という四つの要因分析を行うことで、環境変化の要因を検討するフレームワークである（佐倉 2015)。また、業界や企業などの内部環境を分析するにはインタビューやSWOT 分析、5Force 分析（Porter 1982, 邦訳, pp. 19-48）などのフレームワークが有効である。

　第 2 章ではまた、PEST 分析を用いて、外部環境分析および高等教育界における国内・海外の環境分析だけでなく、それらに影響を与えるであろう政治的要因、経済的要因、社会的要因、技術的要因についても分析を行っている。そして、スーパーグローバル大学に採択された大学の経営トップ層を中心にインタビューやヒアリングを行った結果を踏まえ、シナリオ・プランニングに関連づけている。なお、インタビューやヒアリング等を行った大学や人物は図表 2-1 のとおりである。

図表 2-1　インタビュー・ヒアリング調査一覧[1]

大学名	職名等	氏名	インタビュー実施日
国際教養大学 （採択校）	理事長兼学長	鈴木　典比古　氏	2015 年 10 月 20 日
	副学長	Peter McCagg　氏	
	事務局長	磯　貝　　健　氏	
会津大学 （採択校）	理事長兼学長	岡　　隆一　氏	2015 年 10 月 26 日
	副学長兼理事	程　　子　学　氏	
	スーパーグローバル大学 推進室室長	甘　泉　瑞　応　氏	
	グローバル推進本部国際 戦略室室長	川　口　立　喜　氏	
芝浦工業大学 （採択校）	教育イノベーション推進 センター　グローバル推 進部門長　特任教授	新　井　民　夫　氏	2015 年 10 月 5 日
	教育イノベーション推進 センター　特任教授	橘　　雅　彦　氏	
東北大学 （採択校）	副理事・総長特別補佐 （国際交流担当）	山　口　昌　弘　氏	2015 年 10 月 27 日
滋賀大学	理事兼副学長（現静岡文 化芸術大学学長）[2]	横　山　俊　夫　氏	2015 年 10 月 8 日
滋賀県立大学	元副学長（現滋賀県環境 保全協会会長）	仁　連　孝　昭　氏	2015 年 9 月 30 日
九州大学 （採択校）	元理事（現福岡女子大学 副理事長）	渡　辺　浩　志　氏	2015 年 10 月 5 日
	学務部部長	江　島　定　人　氏	

注：　図表中に記載している「（採択校）」は、「スーパーグローバル大学創成支援」事業採択校
　　を表している。

（1）PEST 分析による外部環境

　PEST 分析は、経営戦略や海外戦略等の策定、マーケティングを行う際に使用し、自社を取り巻くマクロ環境（外部環境）が、現在または将来にどのような影響を与えるかを把握・予測するための手法である。P＝Politics（政治）、E＝Economy（経済）、S＝Society（社会）、T＝Technology（技術）という四つの視点から分析を行うもので、フィリップ・コトラーが提唱した戦略的マネジメントの一つである（佐倉 2015）。

　このPEST分析のフレームワークを使うことによって、外部環境を分析し、企業の海外進出の際にも、カントリーリスクを知り、どのような国や地域に参入すべきかなどについて、業界や自社へのインパクト要因を分析することができる。これは、SWOT分析において外部環境分析であるOpportunity（機会）とThreat（脅威）を分析していることと等しい分析となる（情報システム用語辞典 unknown）。

　高等教育におけるグローバル戦略を策定していくにあたって、現在あるいは将来にわたって大きな影響を与えるであろうPEST分析の四つの視点について、概観すると以下のとおりとなる。

① Politics（政治的要因）

　政治的な要因としては、法改正による直近の規制強化や規制緩和などの政治動向について踏まえておく必要がある。また、高等教育界を取り巻く環境として、日本政府の留学生政策に関する高等教育政策および欧州とアジアにおける高等教育の動向と地方創生に向けた政府の取り組みを分析する。

② Economy（経済的要因）

　経済的な要因としては、景気変動に関することとして、経済成長率や為替相場、株価推移、物価変動などが考えられる。そこで、留学に関して重要なファクターである経済情勢、株式市場や為替市場の動向について分析する。

③ Society（社会的要因）

　社会的な要因としては、人口動態や世論、教育への取り組み状況など社会環境の変化などを踏まえなければならない。そこで、少子高齢化が進む日本の人口動態にあって、特に18歳人口の推移、日本への外国人留学生受入れの動向、海外への留学状況について分析する。

④ Technology（技術的要因）

　技術的な要因としては、新たな技術革新や発明などの普及度、それら新たな技術への投資状況などについて踏まえておく必要がある。そこで、ICT技術の進展にともなう、高等教育界におけるグローバル化や教育への影響度という観点から、主にIoT（Internet of Things）、MOOCs（Massive

Open Online Courses, http://moocs.com/）といわれる米国にはじまった大学・大学院の大規模公開オンライン講座等について分析する。

2　高等教育を取り巻く環境と課題

（1）日本における大学を取り巻く環境と動向

18歳人口と進学率

　日本では少子高齢化が進行している。そのなかでも18歳人口は、2018年度以降に深刻な状態になると推測されている。「2018年度問題」といわれており、ここ数年横ばいであった18歳人口が再び2018年度から減少期に入る。団塊の世代の子供たちが高校を卒業した1992年の18歳人口は205万人であった。これをピークに減少期に入り、2014年度は118万人と約42.5％も減少している。高等教育機関（大学・短期大学）への進学率は、文部科学省「学校基本調査」によると2014年度は56.7％（文部科学省 2014a, p. 6）と、ここ数年伸び悩んでいる状況である。この進学率は、大学・短大を含めた高等教育機関への進学と過年度卒業生の進学も含めた数値である。

　日本の私立大学の約4割が定員割れの状態であるといわれており、2018年度以降はさらに厳しい状態が予測され、大学間競争はさらに厳しくなる。私立大学のなかでもとりわけ地方にある私立大学の経営が悪化しているといわれている。また、若者の大学進学の動きとしては、都市部と地方との経済格差、雇用機会、将来希望する大企業が都市部に集中していることなどから、関東圏を中心とする都市部への学生の集中化が進んでおり、地方にある国公立大学もまた学生募集に苦慮している。若年層の都市部への集中化を解消し、地方大学が地域経済の活性化の核となるべく、地方大学の活性化を促すために、2014年には文部科学省補助事業「地（知）の拠点大学による地方創生推進事業」が実施されている（文部科学省 2014d）。

図表 2-2　18歳人口と高等教育機関への進学率等の推移

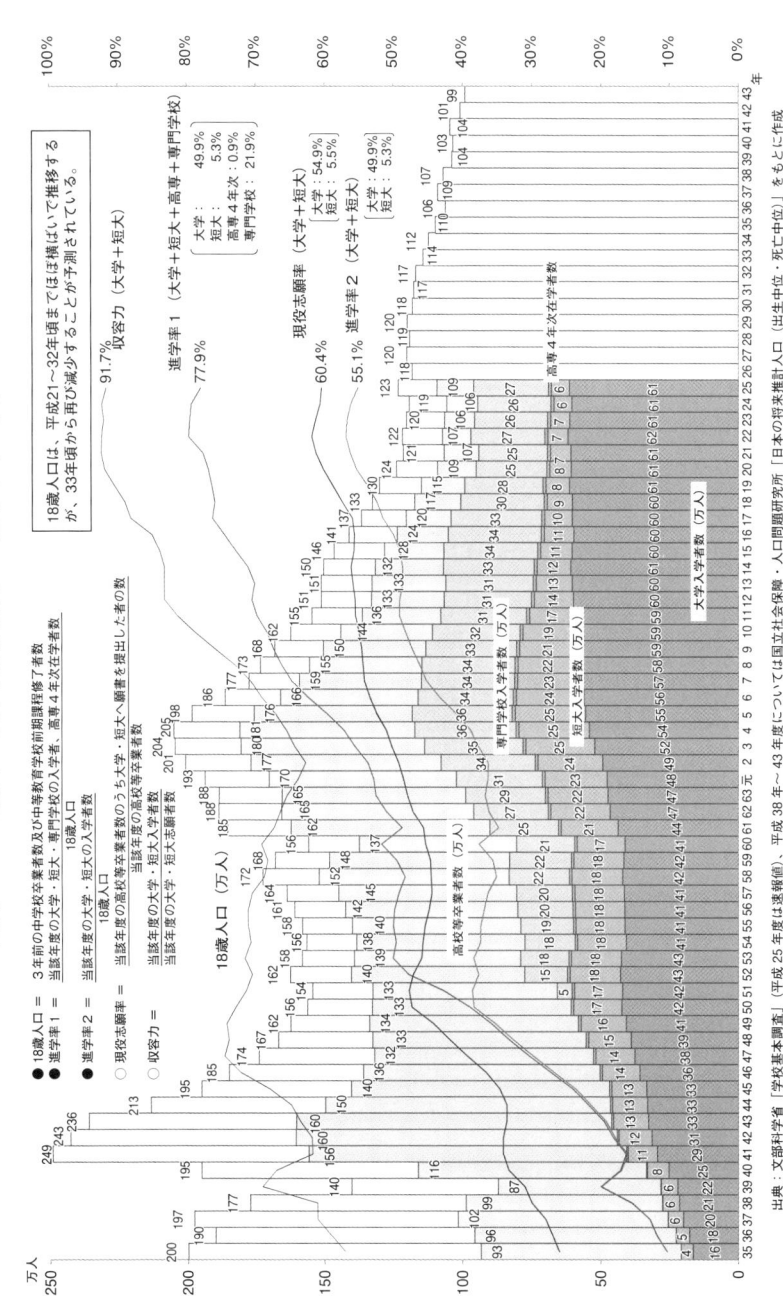

出典：文部科学省「学校基本調査」（平成 25 年度は速報値）、平成 38 年～43 年度については国立社会保障・人口問題研究所「日本の将来推計人口（出生中位・死亡中位）」をもとに作成

（出所）文部科学省（2013e, p. 3）

12

高等教育政策

　こうした背景のなか、わが国の大学が国際化・グローバル化を推進していくために 2008 年度「留学生 30 万人計画」（文部科学省他 2008）が発表された。そこでは、グローバル戦略の一環として 2020 年度をめどに受入留学生数 30 万人を目指すため、日本への留学生誘致の促進、大学等の国際化・グローバル化の推進、入試・入学・入国の入り口の改善、受入れ環境づくり、卒業・修了後の社会の受入れの推進が掲げられている。文部科学省は、その政策目標の一つである大学等の国際化・グローバル化の推進を図るべく、2009 年度「国際化拠点整備事業（グローバル 30）」、2012 年度「グローバル人材育成推進事業」「大学の世界展開力強化事業」といった競争的な補助金事業を展開している。

　続いて、2013 年 5 月には教育再生実行会議からの第三次提言「これからの大学教育等の在り方について」に大学のグローバル化に関する提言が盛り込まれた。2014 年度に入って、文部科学省の補助金政策として、「大学改革総合支援事業 タイプ 4 国際化の推進」が実施されることとなった。特に 2014 年 9 月に実施された「スーパーグローバル大学創成支援」事業は社会的インパクトの強いものとなった。スーパーグローバル大学タイプ A トップ型として国立大学 11 校、私立大学 2 校の 13 大学が採択され、タイプ B グローバル化牽引型として国立大学 10 校、公立大学 2 校、私立大学 12 校の 24 大学、合わせて 37 大学がスーパーグローバル大学として採択された。

留学生政策

　外国人留学生の受入れ状況は、2014（平成 26）年 5 月 1 日現在の留学生総数は 184,155 人（前年比 16,010 人増、+9.5%）、在学段階別留学生数は大学院が 39,979 人（前年比 +412 人、+1.0%）、大学（学部）65,865 人（前年比▲1,572 人、▲2.3%）、短期大学 1,433 人（前年比▲5 人、▲0.3%）、高等専門学校 484 人（前年比 +20 人、+4.3%）、専修学校（専門課程）29,227 人（+4,641 人、+18.9%）、準備教育課程 2,197 人（前年比 +170 人、+8.4%）と学校種別によって差はあるものの、全体としては増加している。

図表 2-3　日本人の海外留学状況

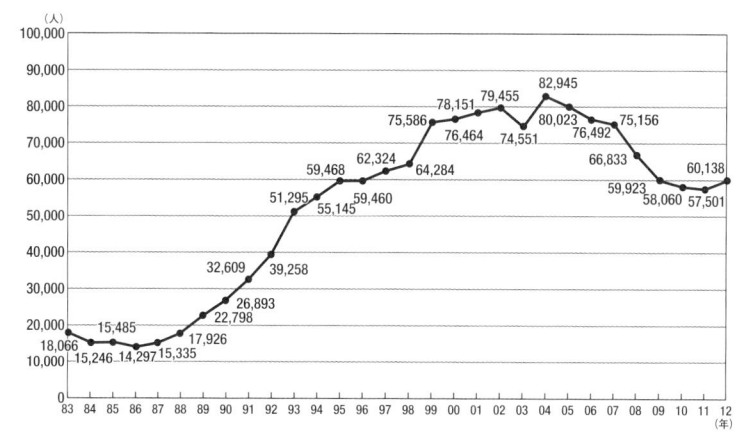

（出典）　OECD「Education at a Glance」、ユネスコ統計局、IIE「Open Doors」、中国教育部、
台湾教育部、文部科学省（2015c, p. 1）より。

　出身国（地域）別留学生数の上位五つは、中国 94,399 人（前年比▲ 3,476
人、▲ 3.6％）、ベトナム 26,439 人（前年比 ＋12,640 人、＋91.6％）、韓国
15,777 人（前年比▲ 1,506 人、▲ 8.7％）、台湾 6,231 人（前年比 ＋571 人、
＋10.1％）、外国人留学生総数は 184,155 人となっている（日本学生支援機構
2014）。

　一方、日本人の海外への留学生数は、2004 年の 82,945 人をピークに減
少、2010 年度には 58,060 人、2011 年度は 57,501 人と減少を続けていた
が、2012 年度は 60,138 人と回復の兆しがみえている状況である。主な留
学先と留学者数を多い順に国・地域別にみていく。2012 年度は、中国
21,126 人（前年比 ＋3,165）、アメリカ合衆国 19,568 人（前年比 ＋398）、イ
ギリス 3,633 人（前年比▲ 72 人）、台湾 3,097 人（前年比 ＋236）、ドイツ
1,955 人（前年比 ＋88）、オーストラリア 1,855 人（前年比▲ 262）、フラン
ス 1,661 人（前年比▲ 24）、カナダ 1,626 人（前年比▲ 225）、韓国 1,107 人
（前年比▲ 83）、ニュージーランド 1,052 人（前年比▲ 9）、その他 3,458 人
（前年比 ＋221）と続いている。総数では、60,138 人（前年比 ＋2,637）と
なっている（文部科学省 2015c, pp. 1-2）。

技術革新と企業のグローバル化と労働力人口

インターネットの急速な普及、技術革新の急速な進歩にともない、世界はボーダレス化し、グローバル化が急速に進んでいる。そういった社会において、日本が技術立国として存続していくために、日本企業はその生き残りをかけて、世界各国に進出し、グローバル戦略を展開していく必要がある。近年では、大企業の海外進出にともなって、中堅・中小企業も積極的に海外進出を行っている。グローバル言語である英語を使いこなし、チャレンジ精神旺盛で環境への適応能力の高い人材の育成が喫緊の課題となっている。

そういったグローバル人材を輩出していく必要があるにもかかわらず、日本の労働力人口は少子高齢化の影響で、急速に減少している。日本における労働力人口の減少は、グローバル化社会においても大きな問題である。2010年に23%であった65歳以上の人口の割合は、2060年には39.9%と約4割が高齢人口となる予測がなされている。また、15-64歳の生産年齢人口は、2013年12月には7883万人であったが、2060年には4418万人になり約44%減少すると予測されている（総務省 2014）。今後、日本が生

図表 2-4　わが国の高齢化の推移と将来推計

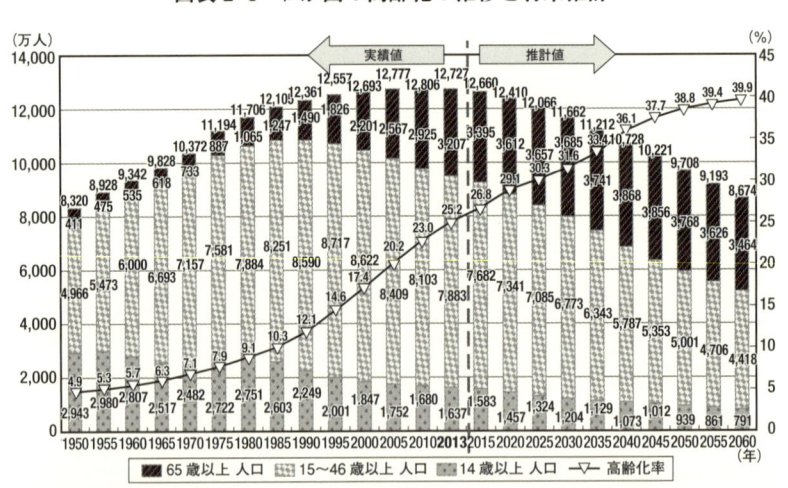

（出所）総務省（2014）

産性を維持・確保し、発展していくためにはいかにこの生産年齢人口を増
加・確保していくのかが、大きな課題である。

地方創生に向けた政府の取り組み

「『学び続ける』社会、全員参加型社会、地方創生を実現する教育の在り
方について（第六次提言）」（教育再生実行会議 2015）では、大学進学や就
職にあたって、都市部への人口集中が起きているなか、特に地方における
大学は、地域における産業の担い手である人材を提供し、雇用やイノベー
ションを創出することが求められている旨の提言がなされている。地方創
生の鍵は、大学と地域等による地域連携によるところが大きく、大学の地
域拠点としての機能強化が謳われている。具体的には「まち・ひと・しご
と創生総合戦略　地方大学等創生 5 か年戦略（まち・ひと・しごと総合戦
略）」（2014 年 12 月 27 日、閣議決定）では、地方大学を強化することに
よって、地方創生の一翼が担えるようプランが示されている。

2015 年 6 月 30 日に閣議決定された「まち・ひと・しごと創生基本方針
2015」の基本方針のなかでも、地域経済の活性化に向けた総合的な取り組
みが示されている。「生産性の高い、活力溢れた地域経済の構築」のために
は、地域発のグローバルで通用する技術の発掘・育成や開発が可能となる
よう、大学と研究機関、企業等との連携強化の必要性が謳われている。ま
た、地域の中核となる企業をグローバル企業へ成長・展開するために、地
方大学との研究協力の強化やプロフェッショナル人材およびグローバル人
材を確保することが必要である旨が盛り込まれている。2015 年 6 月 30 日
には大学に直接的に大きな影響のある「地方創生のための大都市圏への学
生集中是正方策について」も発表されている。2014 年 12 月 27 日に閣議決
定された「まち・ひと・しごと創生総合戦略」に基づくもので、大都市圏
への学生集中を抑制するために、大都市圏における大学の入学定員超過の
適正化を意図したものである。大都市圏にある大学は、入学定員充足率を
これまで以上に厳格に運用しなければ、国立大学に対しては学生納金相当
額や超過入学者数分の国庫返納措置、私立大学に対しては私立大学等経常
費補助金の全額不交付もしくは減額措置といった、いわばペナルティが課

せられることとなった。

　地域における地方創生に果たす大学の独自の取り組みとして、福井県では、福井大学を中心として、福井県立大学、福井工業大学、仁愛大学、敦賀市立看護大学の5大学が連携して、2016年度から「ふくい地域創生士」を認定する制度が実施されている。この取り組みは、文部科学省の補助事業であるCOC+事業（地（知）の拠点大学による地方創生整備事業）であり、地域活性化に資する取り組みとして、国際・地域人材の育成を掲げている（福井大学 2015）。今後、こういった取り組みが、加速度的に推進されていくことが期待される。

（2）世界の大学を取り巻く環境と動向

　大学への進学率は、文部科学省がOECD「Education at a Glance 2012」をもとに作成した資料（文部科学省 2012b）によると、オーストラリアの96％を筆頭に、アイスランド93％、ポルトガル89％、ポーランド84％、ニュージーランド80％、スロベニア77％、ノルウェー76％、スウェーデン76％、アメリカ74％、韓国71％、フィンランド68％と欧米各国が高い状況となっている。日本は22位で51％であり、OECD平均の62％や欧米各国と比べて決して高い数字とはいえない。その他主要国をみていくと、イギリスが16位で63％、ドイツは27位で42％となっている。次に、図表2-5にある先進諸国の大学進学率の経年推移をみてみると、先進諸国の多くが上昇傾向であるのに対し、日本の進学率は若干上昇傾向にあるものの、その伸びは低い。

欧州における高等教育の動向

　欧州では、1999年に行われた欧州29か国の高等教育大臣が共同宣言したボローニャ宣言から、欧州地域における高等教育システムの改革が始まった。本宣言には、欧州域内における比較可能な学位システムの構築、学生教職員の流動性（Mobility）の促進、欧州域内での単位互換制度（ECTS: European Credit Transfer and Accumulation System）の確保などが含まれ

図表 2-5　世界高等教育機関の学生数と大学進学率の増加

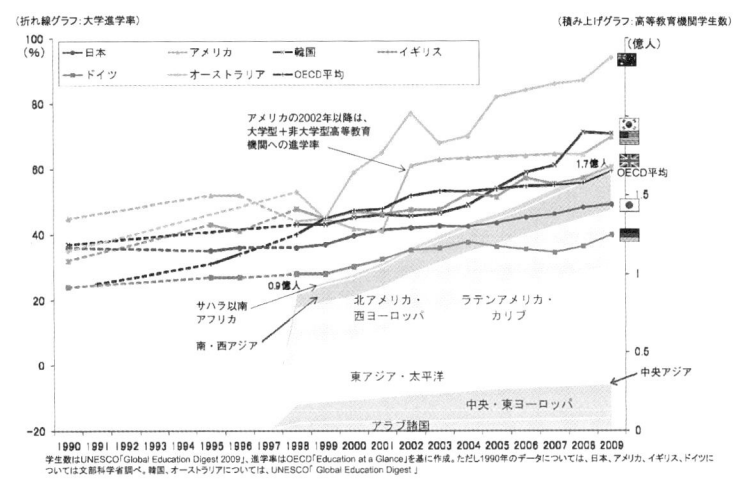

（出所）文部科学省（2012a, p. 1）

ている。欧州高等教育圏（EHEA: The European Higher Education Area）の確立に向けたこのボローニャ宣言以降、高等教育の質保証の取り組みと同時に学生交流促進の仕組みづくりが急速に進展していくこととなった。以後は、2001年から2年ごとに欧州各国の高等教育大臣が欧州域内の主要都市に集まり、進捗状況を確認し、新たな課題解決に向けた取り組みを行っている。そのなかでも、2007年にロンドンで行われた会合では、「グローバル環境における欧州高等教育圏」戦略を共同宣言している。欧州高等教育圏の魅力をより強く世界に発信し、グローバル化が進むなか、競争力の確保を意図したものである［独立行政法人大学評価・学位授与機構（unknown）］。

　ボローニャ・プロセスは、1997年に開催されたリスボンでの会合で採択されたリスボン認証条約（Lisbon Recognition Convention）にはじまり、1999年のボローニャ宣言にある欧州高等教育圏を2010年までに確立するため、2年ごとに各国教育担当大臣が集い、そのプロセス管理を行った（舘 2010, pp. 161-163）。2年ごとの会合では、その都度必要な取り組みについて議論が重ねられ、新たな学生交流の仕組みや教育の質保証の取り組

みなどが盛り込まれた。

　1987 年に欧州委員会は、EU 域内の学生の流動性、つまり留学促進政策として支援プログラムであるエラスムス計画（ERASMUS: European Region Action Scheme for the Mobility of University Students）を発表した。エラスムス計画は、次の五つの具体的な目標を掲げていた［文部科学省「エラスムス計画」（unknown）］。① EC（現在の EU に相当）全体として人的資源を養成・確保すること、②世界市場で EC の競争力を向上させること、③加盟国の大学間の協力関係を強化すること、④ EC 市民という意識を育てること、⑤域内での協力事業への参加経験を学卒者に与えること。

　このエラスムス計画は、先に述べたボローニャ宣言からのプロセスや欧州単位互換制度（ECTS）の確立に大きな影響を果たしてきたといえる（小野 2000, p. 5）。エラスムス計画を引き継ぐ形で、2004 年からの 10 年間計画（5 年ごとの 2 期にわたる計画）として、エラスムス・ムンドゥス（Erasmus Mundus）が発動された。エラスムス・ムンドゥスは、奨学金や学術交流を通じて、学生や研究者の流動性を高め、異文化間交流と対話を促進・支援することを目的としたプログラムであり、学生および研究者の流動性の促進に寄与してきた［独立行政法人大学評価・学位授与機構（unknown）］。2014 年から 2020 年までの奨学金等の留学支援・助成プログラムとして、エラスムス・プラス（Erasmus+）に引き継がれている。

　エラスムス・プラスは、エラスムス・ムンドゥス以外にも、生涯教育プログラムと青少年行動計画を統合したプログラムとなっている。これまでエラスムスの奨学助成により 200 万人以上の学生が自国以外で学ぶことができ、EU 域内の共通市民というアイデンティティの確立に寄与してきた［駐日欧州連合代表部 公式ウェブマガジン（unknown）］。欧州高等教育圏の確立を目指したこれらの取り組みのなかでも、ECTS のフレームワークが果たした役割は大きいといえる。この単位の学修量を示す共通のフレームワークは、学生の流動性を高め、EU 域内の各大学のプレゼンスの向上にも役立ってきた。

アジアにおける高等教育の動向

　欧州では、ボローニャ・プロセスやエラスムス計画等が、地域的な枠組みとしての欧州高等教育圏の形成・確立に寄与してきたことは先述した。アジアにおいては、特に 2006 年にシンガポールで開催された第 1 回 ASEAN 教育大臣会合以降、毎年協議が重ねられ ASEAN における教育活動、とりわけ高等教育における活動における地域的なフレームワークについて議論されている（黒田 2013, pp. 8-22）。

　ここでは、アジアにおける地域的枠組みでの高等教育の動向、特に留学生に関する政策動向として、AUN（ASEAN University Network）、UMAP（University Mobility in Asia and the Pacific：アジア太平洋大学交流機構）という二つの枠組みにおける取り組みに注目する必要がある。

　AUN は、ASEAN（東南アジア諸国連合）における高等教育・研究の質を高め、学生の増加や留学生の流動性を高めるための共通の枠組みを作るために 1995 年に設立されたネットワークである。AUN は設立当初、6 か国 11 大学のネットワークであった。現在は、10 か国 30 大学が AUN に参加している。ASEAN は、現在、インドネシア、カンボジア、シンガポール、タイ、フィリピン、ブルネイ、ベトナム、マレーシア、ミャンマー、ラオスの 10 か国が加盟している。これらの加盟国に加えて 2009 年には ASEAN ＋ 3 として、中国から 5 大学、韓国から 2 大学、日本からは京都大学、慶應義塾大学、東京工業大学の 3 大学が名を連ねている。また、ASEAN 域内での留学生の流動性を高めるための共通単位互換制度として、2010 年に ACTS（ASEAN Credit Transfer System）のフレームワークを創設している［ASEAN University Network ASEAN+3 UNet Universities（unknown）］。

　2015 年 12 月 31 日には、ASEAN 経済共同体が発足した。ASEAN 地域における経済の流動性が高まれば、次に起きるのは労働力の流動化である。そして、ASEAN 域内において、優秀な人材確保・育成における競争が激化し、高等教育における流動性が高まっていくことが予測される。

　UMAP は、学生や教員の交流促進を通じて国際的な理解を高めることを目的として 1993 年に設立された。メンバーは、アジア太平洋地域に広

く開かれており、現在は日本をはじめとするアジア諸国、さらには北米各国（アメリカ、カナダ、メキシコ）など31か国が加盟している。日本からは、本書でインタビューを行ったスーパーグローバル大学採択校である国際教養大学、会津大学、東北大学をはじめ、北海道大学、筑波大学、九州大学、早稲田大学、慶應義塾大学、明治大学などの有力校が名を連ねている。関西では、大阪大学、神戸大学、関西学院大学、関西大学、同志社大学、立命館大学などが加盟しており、日本では94の大学が加盟している。UMAPは、加盟各国の高等教育機関との単位互換制度の枠組みとして、UCTS（UMAP Credit Transfer Scheme）を創設し、加盟国の大学間連携や協力を促進している［What's UMAP（unknown）］。

　また、宮田（2013）によると、UMAPでは学生交換も盛んに行われている。2010年からUMAPオンライン学生交流システム（USCO: UMAP Student Connection Online）が構築され、UMAP加盟大学がUMAPと大学間交流協定を締結し、USCOのウェブサイトを通じて、受入れおよび派遣の学生交流を行っている。今後は、このUMAPの動きとAUNの動向に注目していく必要がある。日本においても、2016年度の文部科学省の補助事業である「大学の世界展開力強化事業」公募要領によると、ASEAN＋3の地域や国を対象とした大学間同士の教育にかかる取り組みが採択の対象であり、先に述べたASEAN経済共同体発足との関係性も影響しているものと考えられる（日本学術振興会 2016a）。2016年9月9日に採択結果が発表され、タイプAであるキャンパス・アジア事業の推進に国立大学から7大学、私立大学から1大学の計8大学、タイプBにASEAN地域における大学間交流の推進に国立大学から6大学、私立大学から2大学の計8大学が採択されている（日本学術振興会 2016b）。

　以上、ここまで欧州とアジアにおける地域的な枠組みでの高等教育の動向をみてきた。グローバル化した社会にあって、一国だけで高等教育における教育・研究の質を高め、かつ流動性をも確保していくことは困難である。国家としての利益を上げるために、各国が自国の大学に補助金等を供給して研究や教育における競争力を高めていくことはできる。しかし、グローバル化した社会で求められている人材とは、多様な価値観を受容し、

多文化や異文化を理解する力、世界の共通言語である英語をコミュニケーションツールとして使いこなし、交渉・折衝・対話ができるチャレンジ精神・行動力を備えた人材である。そういった人材を育成するためには、国という枠組みを越えて、上述したような地域的フレームワークを各国が活用し、多様な留学の機会を創出していかなければならない。

　上述した欧州域内、アジアでの高等教育の地域的フレームワークは、学生の流動性を高める仕組みとしてさらなる発展が期待される。日本の大学数は、777 大学である（文部科学省 2016a）。UMAP に参加している大学は94 大学にとどまっており、少なすぎるといわざるをえない。すべての大学が UMAP に加盟する必要はないが、量と質の両方の観点から、このような地域的なフレームワークの活用を検討すべきである。将来的には、ECTS や ACTS、さらには UCTS といった単位互換制度の統合がなされれば、ワンワールドとしてさらに学生や教員の流動性が高められ、各国の利益に資するとともに、世界全体に資する人材育成システムとなるはずである。

シンガポールの留学生政策

　シンガポールの大学への進学率は、1980 年の 5％から 2011 年には 26％に急上昇しており、ポリテクニック（実学を中心とする教育課程を有する高等教育機関）を含めると進学率は 70％を超えている（池田 2012, pp. 65-81）。

　シンガポールでは 1996 年に当時の首相が優秀な人材を世界から獲得することを目的として、米国ボストンにあるハーバード大学およびマサチューセッツ工科大学を、それぞれシンガポール国立大学と南陽理工大学のモデルとした「東洋のボストン構想」を発表している（上別府 2011, p. 2）。

　英米系の新聞誌であるタイムズ・ハイヤー・エデケーション（THE）誌が毎年独自の指標による世界大学ランキングを発表している。「2015-2016 タイムズ・ハイヤー・エデケーション世界大学ランキング（Times Higher Education World University Rankings, 以下「THE」という）」で

は、シンガポール国立大学が26位（2016-2017 同24位）でアジア全体では1位を獲得、南陽理工大学は55位（2016-2017 同54位）にランキングされている。同世界ランキングで東京大学が43位、京都大学が88位にランキングされていることから考えると、非常に高いポジションを得ている。2016年9月21日に発表された2016-2017 同ランキングでは、東京大学が39位にポジションをアップさせたが、京都大学は三つ順位を落とし91位となっている。

　また、クアクアレリ・シモンズ社［Quacquarelli Symonds（QS）］による2015-2016 QS世界大学ランキング（QS World University Rankings, 以下「QS」という）では、シンガポール国立大学が12位（2016-2017 同12位）、南陽理工大学13位（2016-2017 同13位）にランキングされている。同ランキングでは、京都大学が38位（2016-2017 同37位）、東京大学が39位（2016-2017 同34位）にランキングされている。同QSアジア大学ランキング（QS University Rankings: Asia）では、シンガポール国立大学が1位、南陽理工大学2位、京都大学7位（2016-2017 同8位）、東京大学は8位（2016-2017 同5位）である。世界ランキングでみるとボストン構想は成功したといえ、世界に名だたる大学として両大学が発展してきたことが確認できる。世界大学ランキングの指標については、種々議論のあるところではあるが、ある客観的な評価に基づいて世界に発信されるランキングとして、世界的に注目されており、社会的な影響力が大きい。

　高いランキングを獲得することが、大学の世界的なプレゼンスの向上につながり、特に研究面での大学の競争力の確保につながるのだと考えれば、研究型の大学にとっては非常に重要な大学経営戦略として位置づけられるべきである。また、シンガポール政府は留学生と外国人企業研修生を合わせて20万人まで受け入れるという目標を掲げている（池田 2012, pp. 71-72）。外務省（2015b）によると、シンガポールの面積は、東京23区と同程度である。日本の総人口は、約1億2697万人（総務省2017）であり、シンガポールの人口は約547万人（2013年9月）であることを考えるとその割合の大きさを理解することができる。そのシンガポールも日本と同様に高齢化が進んでおり、いかに労働力人口を増やすかが課題であるとい

う。その一つの解決方策として、留学生政策を通じて世界各国から優秀な人材を獲得しようとしている。日本でも労働力人口の減少が、今後解決すべき深刻な課題であることは間違いなく、シンガポールが国家戦略として実行している留学生政策による高度外国人労働者の獲得方策は、日本にとっても参考となる国家戦略であると考えられる。杉村（2008, p. 12）によれば、シンガポールでは、留学に関することを教育省が管轄するのではなく、経済開発庁が管轄しているという。留学そのものを産業として位置づけており、国家戦略として展開していることに注目しなければならない。

マレーシアの留学生政策

　マレーシアでは、1990 年代に入って高等教育需要が高まり、高等教育機関の民営化や法人化が進められた結果、1991 年に 156 校であった私立高等教育機関は、1996 年の私立高等教育機関法の制定とも相まって、2000 年には 600 校に急伸した。現在は、質保証の観点から制限された機関もあるものの、私立大学が 33 校、私立カレッジが約 500 校になっている（杉村 2012, pp. 99-114）。

　マレーシアの留学生政策は、1995 年当時のマハティール首相が提唱した 2020 年には先進国になるという「ビジョン 2020」に基づいた「高等教育戦略計画（2007-2020）」によって行われている。マレーシアもまた、シンガポールと同様に留学を教育産業として位置づけており、生活費の安さをアピールポイントとして、近年海外からの留学生を増やしている（上別府 2011, pp. 4-5）。

　グローバル化の影響もあって 1990 年代以降、英語によるトランスナショナル・プログラムが普及し、これまで派遣大国であったマレーシアは受入れ大国へと変貌すべく、2020 年までの留学生受入れ数目標を 20 万人とし、国家戦略として取り組んでいる。マーケットとして、アフリカに重点を置いており、すでに中国・北京、インドネシア・ジャカルタ、ベトナム・ホーチミン、アラブ首長国連邦・ドバイの 4 か国に開設しているマレーシア教育推進センターをケニアの首都ナイロビにも開設するという。同センターは、高等教育省の指導下にあって、マレーシアの教育・文化のプロ

モーション、マレーシア教育のブランディングを海外拠点で行っている。また、イスラム圏として政治的・経済的にも安定しているということを特徴に留学生のリクルーティングを行っており、トランスナショナル・プログラムが外国人留学生を受け入れるために機能している。マレーシアもまた、留学生政策を推進し教育ハブになろうとしている（秋庭 2013, pp. 1-4）。

タイの留学生政策

タイの学士、準学士、オープン大学をすべて含めた高等教育在籍者数は、高等教育学齢人口（18歳〜21歳）に対して、46.21％（2011年現在）となっており、高等教育はすでに大衆化している。オープン大学とは、社会人経験が一定以上必要ではあるが無試験で入学できる社会人や地方の学生に開かれた大学のことで、1970年代以降に設置され、高等教育の大衆化に大きく寄与している（鈴木 2012, pp. 83-98）。

留学生政策について、上別府（2011）によれば、タイ教育省高等教育委員会はタイの高等教育の質を高めるために、高等教育機関で受け入れる総学生の約10％を外国人留学生とし、5万人を受入れ留学生数目標としている。特に、東アジアのメコン川流域における教育のハブ機能を目指している。先述したAUN（ASEAN University Network）には、Burapha University, Chiang Mai University, Chulalongkorn University, Mahidol Universityの4大学が参加しており、積極的に留学生を誘致しようとしている。鈴木（2012）によれば、インターナショナル・プログラムとして教授言語を主に英語とするカリキュラムが構築されており、外国人留学生の受入れの基幹コースとしての役割を果たしているという。すでに、タイの主要大学では、英語でのカリキュラムや授業が多数行われており、多くの外国人留学生を受け入れるための環境整備が進んでいる。このような外国人留学生を受け入れるための環境整備もあって、日本学生支援機構の2013年度協定等に基づく日本人学生留学状況調査結果では、日本人学生の主な留学先として7位にランキングされている（日本学生支援機構 2013）。

タイは、国家戦略として東南アジアの教育ハブを目指し、シンガポールとマレーシアとは競争的関係にある。タイ政府は、「第2次15カ年長期高

等教育計画フレームワーク」(2008-2022) のなかで、グローバル化がもたらす高等教育の将来について、二つのシナリオを描いている。第 1 のシナリオは、国境を越えた高等教育市場が拡大し、外国人留学生シェアについて競争的環境が増すというものである。第 2 のシナリオは、ASEAN 統合にともなって人的交流が活性化し、学術交流や単位互換制度が整い、高等教育市場でのモビリティが増すと予測している (鈴木 2012, p. 95)。

オーストラリアの留学生政策

　オーストラリアは、留学生受入れ政策を主たる教育産業として位置づけて展開している。杉本 (2012, pp. 227-242) によると、オーストラリアは経済成長がマイナスであったことなどから 1985 年から留学生受入れに関する方針を変え、これまで援助していた留学生の授業料を全額徴収する仕組みに方向転換した。これを機に、1990 年代に入ってグローバル化の進展とも相まって急激に受入れ留学生が増え、教育プログラムを輸出するようになり、サービス分野における輸出産業として重要なオーストラリアの収入源となっていった。また、オーストラリア国内での留学生受入れだけではなく、モナッシュ大学や RMIT 大学、スウィンバーン工科大学などがアジアを中心に海外に分校を設置した。同時にシンガポールやマレーシア等のアジア諸国に教育プログラムを輸出しており、海外で学ぶ留学生数を加えると、2010 年には留学生総数が 30 万人を超えている。

　2013 年 5 月 22 日付の教育再生実行会議第 8 回会議資料によると、オーストラリアの教育産業は第 3 位の輸出産業として、年率で 15% も成長しており、個々の大学における主要な財源の一つになっている (教育再生実行会議 2013a)。2015 年 11 月 8 日・9 日にオーストラリア大使館主催による留学生フェアが東京で開催された。2015 年度はオーストラリアから 60 を超える教育機関が実際に相談ブースを設け、個人向け留学相談や日本の大学・高等学校との留学プログラムに関する開発の相談および中・長期期間の留学に関する提携・協定などの交渉が行われた。このような取り組みもオーストラリアが、留学生政策を輸出産業として展開している具体的な実例の一つである。

　佐藤（2014）によれば、オーストラリアにおける留学生政策は、常に技術移民政策とリンクしている。1990 年代後半は、留学生は将来的な技術移民となるよう、学位ポイント付与、留学生用移住権申請などの優遇策が講じられていた。しかし、2008 年に起きたリーマン・ショックによる世界同時不況の影響で、一時留学生数が減少したことから、全面的な優遇策から選択的な移民受入れ政策へと転換している。

　日本においても、2012 年 5 月より外国人の高度人材を積極的に受け入れるための促進策として、高度人材外国人ポイント制を活用した出入国管理上の優遇措置が採られている。具体的には、活動分野を高度学術研究分野、高度専門・技術活動、高度経営・管理活動に 3 分類し、学歴や職歴、年収等に応じてポイントを付与し一定点数以上になれば、出入国管理において優遇されるという措置である（法務省 2012）。この政策は、日本の労働市場を活性化させるために実施された優遇措置ではあるが、独立行政法人労働政策研究・研修機構が 2013 年 5 月に行った調査によると、高度人材の採用実績のある企業は全体の 4 分の 1 程度であり、高度人材外国人ポイント制については企業の約 9 割がその制度を知らなかったと答えている（独立行政法人労働政策研究・研修機構 2013）。オーストラリアの技術移民政策は、今後このような状況のなか、生産年齢人口減少期を迎える日本にとって参考となる政策である。

(3) 世界大学ランキング

　大学における競争環境は、国内だけにとどまらず、国外においても競争環境が激化している。国家レベルでの威信をかけた競争、そして国家戦略に基づいた大学間競争が始まっている。世界大学ランキングの上昇に向けた取り組みはその一端である。

　安倍首相は、教育再生会議の発足を 2013（平成 25）年 1 月に閣議決定した。その後、同年 6 月には第 2 期教育振興基本計画が策定され、日本が直面する危機的な状況として、グローバル化があげられ、そのために必要となる施策を体系的に整理していく旨が述べられた。また、同時に日本再興戦略

が、閣議決定され、大学改革やグローバル人材力強化等が盛り込まれ、経済
再生とともに教育再生が安倍内閣の最重要課題であることが強調された。

　特に国立大学法人の目標として、世界大学ランキング100位以内に少な
くとも10校をランキングインする旨が盛り込まれた。そして、2014（平成
26）年には「スーパーグローバル大学創成支援」事業が立ち上がり、世界
大学ランキングにおいてトップ100位以内を目指すタイプＡとして13大
学、高等教育の国際競争力の向上を目指し、徹底した国際化と大学改革を
進め、日本の大学のグローバル化を牽引していくタイプＢとして24大学
が採択されたことは既述のとおりである。

世界大学ランキングの評価指標

　世界には、10以上の世界大学ランキングを行っている機関がある。そ
のなかでも、THEとQS、上海交通大学が発表する上海交通大学ランキン
グは、その評価指標は異なるものの世界的にも注目を集めている世界大学
ランキングである。THEとQSの評価指標は図表2-6および2-7に示され
ているとおりである。

図表 2-6　THE 評価指標とその割合

Teachning：教育関連の評価指標	教育に関する研究者の評判調査（Reputation）	15.00 %
	教員数に対する学生数の比率（ST 比）	4.50 %
	学士号授与数に対する博士号授与数の比率	2.25 %
	教員 1 人あたりの博士号授与数	6.00 %
	教員 1 人あたりの大学の総収入	2.25 %
Research：研究関連の評価指標	研究に関する教育者の評判調査（Reputation）	18.00 %
	教員・研究者 1 人あたりの研究費収入	6.00 %
	教員・研究者 1 人あたりの Scopus に掲載された論文数	6.00 %
Citation：論文の影響力に関する評価指標	1 論文あたりの被引用数	30.00 %
International outlook：国際化関連の評価指標	外国人学生の比率	2.50 %
	外国人研究者の比率	2.50 %
	国際共著論文比率。データソースは Scopus	2.50 %
Industry income：知識移転に関する評価指標	教員・研究者 1 人あたりの産業界からの研究費収入	2.50 %
	計	100.00 %

（出所）藤井（2016, pp. 350-351）をもとに筆者作成

図表 2-7　QS 評価指標一覧とその割合

研究者による評判調査（Academic reputation）	40.00 %
雇用者による評判調査（Employer reputation）	10.00 %
教員数に対する学生数の比率（ST 比）	20.00 %
教員・研究者 1 人あたりの被引用数（分野間平準化あり）	20.00 %
外国人教員比率	5.00 %
外国人学生比率	5.00 %
計	100.00 %

（出所）藤井（2016, p.351）をもとに筆者作成

世界大学ランキングの上位大学

　THE が発表した 2016-2017 THE 世界大学ランキングでは、ランキング 10 位以内の大学は、前年のランキングと比較すると若干の変動はあるものの、大きな変動はない。スイスにある Swiss Federal Institute of Technology Zurich を除くと、英国にある大学が 3 大学、米国にある大学が 7 大学となり、2 か国でほぼ 10 位以内を独占している。こういった状況に対しては先に述べた評価指標の一つである論文の影響力に関する評価指標（Citation）が、欧米系の大学に有利であるという批判があるところである。

　図表 2-8 には、2016-2017 THE 世界大学ランキングの 1 位から 10 位の大学の 2016-2017 QS 世界大学ランキングを併せて掲載している。THE と QS の評価指標が異なることが、順位にどのように影響しているのかを比較するためである。THE 世界大学ランキング 10 位以内にランクインしている大学の QS 世界大学ランキングをみてみると、若干の順位の変動はあるものの、おおむね類似した順位であるといえる。

　THE と QS の世界大学ランキングの順位に違いが生じる理由としては、まず論文の被引用回数の割合が、THE は 30％、QS は 20％とその比重に差のあることが挙げられる。ただし、その論文データベースは、同じエルセビア社の Scopus を使用している。また、評判調査の割合が THE は教育と研究に関する研究者の評判調査（Reputation）を合わせて 33％であるのに対し、QS は研究者および雇用者による評判調査（Reputation）を合わせ

ると 50％と大きな比重を占めていることも要因であると考えられる（石川 2016a, pp. 346-330）。

　また、図表 2-8 にあるように、THE のホームページには鍵となる統計値（Key Statistics）として、学生数、Student: Staff Ratio（教員 1 人あたりの学生数）、International Student（外国人留学生の全学生数に対する割合）、Female: Male Ratio（女子学生と男子学生の割合）が記載されている。THE の 1 位から 10 位の平均学生数は約 17,700 人、Student: Staff Ratio の平均は約 10.7、International Student の平均は約 33％となる。実際の学生数規模は、2,181 人から 34,834 人までと幅があるが、その最大値と最小値を除けば、平均は 17,540 人となり、ほぼ上位 10 大学の平均と近い学生数となる。これらの数値から、学生数規模は参考となりにくいが、あえて世界におけるトップ大学像を描くとしたら、規模は 18,000 人程度、一般的

図表 2-8　2016-2017 THE 世界大学ランキング ベスト 10

順位	大学名	前年度順位	国名	2016-2017QS	学生数	Student: Staff Ratio	International Student	Female: Male Ratio
1 位	University of Oxford	2 位	英国	6 位	19,718	11.0	35%	46：54
2 位	California Institute of Technology	1 位	米国	5 位	2,181	6.7	27%	31：69
3 位	Stanford University	3 位	米国	2 位	15,658	7.7	22%	42：58
4 位	University of Cambridge	4 位	英国	4 位	18,605	11.3	35%	45：55
5 位	Massachusetts Institute of Technology	5 位	米国	1 位	11,192	8.8	34%	37：63
6 位	Harvard University	6 位	米国	3 位	19,890	8.8	25%	n/a
7 位	Princeton University	7 位	米国	11 位	7,925	8.4	23%	45：55
8 位	Imperial Colledge London	8 位	英国	9 位	15,236	11.3	52%	37：63
9 位	Swiss Federal Institute of Technology Zurich	9 位	スイス	8 位	18,616	14.9	37%	31：69
10 位	University of California, Berkeley	13 位	米国	28 位	34,834	12.0	16%	52：48
10 位	University of Chicago	10 位	米国	10 位	13,486	6.2	24%	42：58

　（出所）2016-2017 THE 世界大学ランキングおよび 2016-2017 QS 世界大学ランキングホームページをもとに筆者作成
　　https://www.timeshighereducation.com/world-university-rankings/2017/world-ranking#!/page/0/length/25/sort_by/rank/sort_order/asc/cols/stats
　　https://www.topuniversities.com/university-rankings/world-university-rankings/2016（2017 年 2 月 10 日閲覧）

にその値は低いほどいいと考えられる教員1人あたりの学生数は10人から11人程度、全学生に対する留学生の割合は33％程度（3人に1人は外国人留学生）といった一つの大学像が浮かび上がってくる。設置形態や政府もしくは州政府からの補助金収入額等条件が異なるが、これらの統計値は世界大学ランキングの上位を目指す大学にとっての一つの参考となる可能性があるといえる。

　世界大学ランキングにおける順位向上を目指す日本の大学は、このように評価指標の比重や鍵となる統計値をはじめとして、ベンチマークとする大学のそれぞれの評価指標の値などを総合的かつ詳細に比較検討すれば、世界大学ランキングでの順位向上やランキング入りに必要となる戦略のヒントを得ることができる。

世界大学ランキングのなかの日本の大学

　2016-2017 THE 世界大学ランキングにおける日本の大学をみてみると、200位以内には、東京大学の39位（前年43位）、京都大学91位（前年88位）の2校のみがランクインしている。アジアランキングでみると東京大学は4位となっている。アジアランキング1位の National University of Singapore（シンガポール国立大学、シンガポール）は世界ランキングでは前年26位から24位へと順位を上げ、2位 Peking University（北京大学、中国）もまた前年42位から29位へ、3位 Tsinghua University（清華大学、中国）も前年47位から35位へ、5位 The University of Hong Kong（香港大学、香港）は前年44位から43位へとそれぞれ順位をあげており、アジア各国の大学におけるランキング競争の激化が窺える。特に中国の大学の躍進は目覚ましく、大学独自の主体的な取り組みに加えて、国家戦略による取り組み方の差がこのような結果になっていると考えられる。

　2016-2017 THE 世界大学ランキング980校のリストのなかで、ランキングされている日本の大学は69大学ある。400位以内には4大学がランキングされている。しかし、100位以内にランキングされている東京大学と京都大学を除けば、東北大学201-250位、大阪大学251-300位、東京工業大学251-300位、名古屋大学301-350位、九州大学351-400位と続いてお

り、100 位以内にランクインするためには、大胆な評価指標数値の改善に向けた取り組みが必要であるといえる。私立大学では、豊田工業大学 351-400 位、順天堂大学 601-800 位、慶應義塾大学 601-800 位、近畿大学 601-800 位、早稲田大学 601-800 位、東京理科大学 601-800 位、801+ に千葉工業大学、中央大学、同志社大学、法政大学、関西大学、関西学院大学、明治大学、立命館大学、埼玉医科大学、芝浦工業大学、昭和大学、上智大学、東海大学などの大学がランキングされている。

　世界の大学ランキングトップ 100 以内を目指すスーパーグローバル大学のタイプ A の 13 大学は何らかの順位ですべてランキング入りしている。一方、日本の大学のグローバル化を牽引するスーパーグローバル大学であるタイプ B に採択されている 24 大学をみてみると、わずか 11 大学しかない。スーパーグローバル大学のタイプ B がランキング入りしていない理由としては、THE 世界大学ランキングに何らかの理由で申請しなかったか、THE 世界大学ランキングに申請したものの、順位がつかなかったといったことが考えられる。それぞれの詳細な理由は不明であるが、今後タイプ B の大学のランキング向上、あるいはランキング入りしていくためには、評価指標に対する戦略的な取り組みが必要となるであろう。

　世界には、これら世界大学ランキングにランキングされていない大学であっても、ある特定の分野で優れた研究力や質の高い教育力を有する大学、非常にユニークな特徴をもつ大学もあることを理解しておく必要があり、世界大学ランキングでのランキングが大学評価のすべてではない。しかしながら、世界大学ランキングを活用することによって、それぞれの大学が目指すビジョンの達成に向けて、厳しい競争環境下のなかで研究力や教育力を維持・向上させていくためには、優秀な外国人教員や外国人留学生の獲得は必須の要件であることを考えると、世界大学ランキングの活用は、大学のブランディングやプロモーションの促進といった観点でも、大学経営にとって重要な戦略の一つである。国家戦略、留学生政策の一環として世界大学ランキングをとらえている国や大学も多く、その競争は激化している。日本の国家戦略として指定されたスーパーグローバル大学を中心に、今後の動向に注目していく必要がある。

（4）経済的要因（Economy）

経済情勢

　株式会社日本総合研究所が 2015 年 11 月に発表した「日本経済展望」によると、減少が続いていた実質輸入に底打ち感があるとのことである。輸出は、中国経済の減速を契機として当分は力強さを欠く展開となりそうであると予測している（日本総合研究所調査部マクロ経済研究センター2015）。企業収益は、円安による収益のかさ上げやコスト低減により利益率の改善が期待されている。一方、設備投資については、輸出の伸び悩みや国内在庫調整の長期化により、一部先送りされる可能性があるという。また、中国経済の減速が予測されており、特に株式市場での不確実性が高まると予測されていることも、設備投資を抑制している。物価については、先行きの内需の緩やかな改善や原油安の影響が一巡するとの観測から再び上昇傾向にあると予測されている。

　2015 年 12 月 13 日付の日本経済新聞朝刊によると、2008 年のリーマン・ショック以降続いてきた大規模な金融緩和が終わりつつあり、今後は金融引き締めに政策が転換するのではと示唆している。米国の中央銀行にあたる米連邦準備制度理事会（FRB: Federal Reserve Board）は、2015 年 12 月 15 日から 16 日にかけて金融政策を決定する最高意思決定機関である米連邦公開市場委員会（FOMC: Federal Open Market Committee）を開いた。そこでは、米国の強い景気回復基調を受け、実に 9 年半ぶりに、政策的な短期金利であるフェデラル・ファンド金利（FF 金利）の利上げの予定が決定したという。フェデラル・ファンド金利、短期金利や為替レート、長期金利などに影響を及ぼすことから、その動向は世界中で注目されている。一方で欧州の中央銀行にあたる欧州中央銀行（ECB: European Central Bank）は、量的緩和の延長を決めたところであり、政策的なスタンスにバラツキが生じており、市場の反応は複雑であるという。このような各国あるいは地域レベルでの金融政策は、経済に大きな影響を及ぼす。企業は、さまざまな要因による経済情勢の変化や悪化に対応すべく、為替予約や生産拠点の分散化(他国化)、資金調達方法の多様化など、さまざ

図表2-9　わが国の主要経済指標の予測値（2015年11月2日時点）

（四半期は前期比年率、%、%ポイント）

	2015年 1~3 (実績)	4~6 (予測)	7~9	10~12	2016年 1~3	4~6	7~9	10~12	2017年 1~3	2014年度 (実績)	2015年度 (予測)	2016年度
実質GDP	4.5	▲1.2	0.6	0.5	1.5	0.2	1.3	1.3	2.5	▲0.9	0.9	1.0
個人消費	1.5	▲2.7	1.5	0.8	2.1	▲0.3	0.8	1.4	5.9	▲3.1	0.3	1.2
住宅投資	7.0	8.0	3.0	3.0	3.0	2.8	2.8	4.2	5.5	▲11.7	2.5	3.2
設備投資	11.0	▲3.6	0.0	1.4	1.9	2.8	3.3	3.5	3.9	0.5	1.2	2.6
在庫投資（寄与度）	(2.2)	(1.1)	(▲1.0)	(▲0.4)	(0.0)	(0.0)	(0.5)	(0.2)	(▲0.8)	(0.5)	(0.1)	(▲0.0)
政府消費	1.1	0.1	0.2	0.4	0.4	0.5	0.4	0.4	0.4	0.1	0.4	0.4
公共投資	▲5.3	8.9	▲4.6	▲0.9	▲0.4	0.0	▲1.0	▲1.2	▲1.5	2.0	0.4	▲0.9
純輸出（寄与度）	(▲0.3)	(▲1.1)	(0.4)	(0.2)	(▲0.4)	(▲0.4)	(▲0.7)	(▲0.7)	(▲1.3)	(0.6)	(▲0.3)	(0.5)
輸出	6.7	▲16.6	7.8	2.5	2.5	3.0	3.0	3.1	3.1	7.9	3.0	3.2
輸入	7.3	▲10.1	7.0	3.6	4.5	4.8	5.8	5.9	8.7	3.6	1.3	5.3

（前年比、%）

	2015年 1~3	4~6	7~9	10~12	2016年 1~3	4~6	7~9	10~12	2017年 1~3	2014年度	2015年度	2016年度
名目GDP	2.6	2.3	3.2	0.8	1.0	1.3	1.5	2.2		1.6	2.2	1.5
GDPデフレーター	3.5	1.5	1.9	1.6	0.3	0.2	0.4	0.4	0.8	2.5	1.3	0.5
消費者物価（除く生鮮）	2.1	0.1	▲0.1	0.1	1.0	1.2	1.3	1.4		2.8	0.2	1.2
（除く生鮮、消費税）	0.1	0.1	▲0.1	0.1	1.0	1.2	1.3	1.4				
鉱工業生産	▲2.1	0.4	▲0.4	0.4	2.1	3.7	1.6	1.3		0.5	0.2	2.2

	2015年 1~3	4~6	7~9	10~12	2016年 1~3	4~6	7~9	10~12	2017年 1~3	2014年度	2015年度	2016年度
完全失業率 （%）	3.5	3.3	3.4	3.3	3.3	3.2	3.2	3.2		3.5	3.3	3.2
経常収支 （兆円）	4.42	3.76	4.05	2.46	4.34	2.14	3.34	1.75	3.90	7.93	14.61	11.12
対名目GDP比 （%）	3.6	3.0	3.2	1.9	3.5	1.7	2.7	1.3	3.0	1.6	2.9	2.2
円ドル相場 （円/ドル）	119	121	122	121	122	122	122	122	122	110	122	122
原油輸入価格 （ドル/バレル）	56	60	58	52	62	64	66	68	70	91	58	67

（資料）内閣府、総務省、経済産業省、財務省などを基に日本総研作成
（注1）足許の中国をはじめとする海外景気の減速や、株価下落などを受けて、直近の改訂見通し（2015年9月8日）、および日本経済展望10月号から予測値を修正。
（注2）2017年4月に消費税率引き上げ（8%→10%）が実施されると想定。
（注3）2015年10月30日弊社公表の2015年7-9月期1次QE予測は反映せず。

海外経済の前提

（前年比、%）

	2014年 (実績)	2015年 (予測)	2016年
米国	2.4	2.4	2.6
ユーロ圏	0.9	1.5	1.6
中国	7.3	6.9	6.8

過去の実質GDP予測

（前年比、%）

	2014年度 (実績)	2015年度 (予測)	2016年度
8月号	▲0.9	1.5	1.3
9月号	▲0.9	1.2	1.3
10月号	▲0.9	0.9	1.1

（出所）日本総合研究所調査部マクロ経済研究センター（2015, p. 7）

なリスクヘッジのための手段を講じている。

　経済情勢の悪化は、留学しようとする学生へ大きな影響を与える。私費で留学する学生にとって、留学する大学の授業料や生活費は相当な負担である。また、大学間協定によって交換留学する学生の場合は、一般的に留学する大学の授業料を支払う必要はないが、海外での生活費が必要となる。経済情勢が悪化すれば、経済的負担の大きさから、県外へ進学しようとする進学者が減少する傾向があるように、学生の海外留学に大きく影響するリスク要因となる。

株式市場

　2015年11月21日付ロイター（東京）によると、東京株式市場日経平均株価は約3か月ぶりに2万円の大台回復を見込んでいる。これは、米国の株高、ドル高・円安基調などの外部環境を反映したものである（ロイター東京 2015.11.18）。株価の動向を把握するために、日本銀行の金融政策決定会合の動向や月毎に発表される貿易収支だけではなく、米国連邦準備制度理事会（FRB）や欧州中央銀行（ECB）も注視する必要がある。

　SMBCフレンド証券の国内株式市場見通し（2015年11月16・17日）によると、欧州では先のパリでの同時多発テロやドイツのフォルクスワーゲンの排出ガス不正問題の影響により、欧州中央銀行（ECB）が追加緩和に踏み切るのではとの観測から、株式市場にとってフォローとなるだろうという予測がなされている。また、国内では、7月から9月期国内総生産（GDP）成長率は事前予想を下回ったが、名目国内総生産（GDP）600兆円達成に向けた緊急対策への関心の高まりも株式市場に好感されると予測されている（SMBCフレンド証券 2015.11.16）。このように株式市場における変動要因は多様であり、経済のグローバル化が進んでいることから、一国の種々の要因による株式市場の変動が世界各国の株式市場にすぐさま影響を及ぼすことも近年多くなっている。

　世界的な金融危機であった2008年に起こったリーマン・ショックは、日本の株式市場にも大きな影響を及ぼし、当時日本の日経平均株価は大暴落となった。そして、円高が進行し、製造業を中心とした輸出企業の業績が

図表 2-10　名目 GDP 実額（兆円）

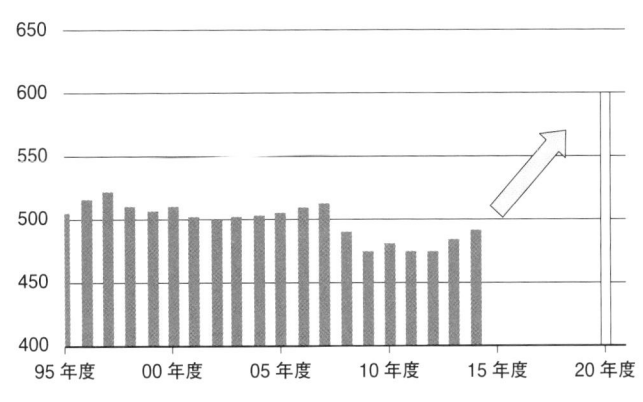

期間：1995 年度〜2014 年度、2020 年度は目標
（出所：内閣府データより SMBC ブレンド証券作成）

（出所）SMBC フレンド証券（2015.11.16）「投資情報部　松野利彦　11 月 16 日、17 日記」

悪化した。企業業績の悪化は、給与にも大きな影響を与える。このように、株式市場の変動は、円相場にも大きな影響を及ぼす要因であり、個人消費にも影響を及ぼすリスク要因となる。

　海外留学には、現地大学の授業料や生活費・渡航費等が必要となることから、相当な費用が必要となる。留学費用の捻出は、学生個人では難しい側面があり、保護者に頼らざるを得ないことも多い。このように株式市場の変動も、留学にとってのリスク要因の一つと考えられる。

為替市場

　みずほ銀行の中期為替相場見通し（2015 年 11 月 2 日）によると、ドル／円相場は、10 月も前月と同様に推移した。2015 年は円安最後の年であり、2016 年は円高基調になると予測している。為替相場も、基本的には日本銀行の情報発信、米国経済および欧州経済、そしてアジアのなかでも特に中国経済の動向に注目が必要である。2016 年の日米通貨政策を考えれば、円安・ドル高というシナリオの可能性は低いと予測している（みずほ銀行 2015）。為替市場についてもさまざまな要因によって変動する。

　為替変動は、日本に来る外国人留学生、日本から海外に留学する日本人学生の双方にそれぞれ逆のリスクを強いることになる。すなわち、地域によって異なるが、一般的に円高に振れれば、たとえば家族からの援助に頼る外国人留学生の場合、自国通貨ベースで送金額が一定であれば、日本円換算で実質手元資金が目減りすることになり、日本での学びに支障をきたすリスクが大きくなる。他方、日本から海外へ留学する学生にとって、円安に振れれば、海外からの留学生と同じような現象が生じることになる。このように、為替変動は、留学を志す学生、留学をしている学生にとって経済的にも精神的にも大きな影響を及ぼすリスク要因である。

（5）技術的要因（Technology）

　ICT 技術の進展は日進月歩であり、インターネットやクラウドを利用したようなサービスはこれからも拡大し、人々の生活様式をも一変させてしまう可能性を秘めている。そのなかでも、IoT（Internet of Things）が改めて注目されている。すべてのものが、インターネットとつながり、サービスがモノ化するという時代が到来している。

　ICT 技術の進歩は、高等教育界においても大きな影響が生じている。たとえば、MOOCs（Massive Open Online Courses, http://moocs.com/）といわれる米国にはじまった大学・大学院の大規模公開オンライン講座が2012 年から本格化している。マサチューセッツ工科大学やハーバード大学など、米国有名大学の講義がインターネット上で公開され無料で受講できるもので、世界中に急速に広がっている。現在は、米国発の Coursera、edX、Udacity に加えて、ドイツやフランス、中国でも同じようなプラットフォームが構築されている。MOOCs は、日常的に学修のための時間確保が困難な企業や企業人にとって、企業研修・教育の場としても有効に機能しているようである。特に米国の IT 企業と連携した人材育成のプラットフォームとして期待されている。日本においても、日本オープンオンライン教育推進協議会が JMOOC（http://www.jmooc.jp/）という日本版MOOC を立ち上げており、現状では 90 の大学・大学院が参加している。

　教育のオープン化という意味で、オープンエデュケーションといわれるこれらの取り組みは、教育の新たな可能性を拡大するものである。たとえば、発展途上国ではいまだ十分な高等教育のシステムが整備されていない国や地域も多いが、インターネットにつながる環境さえあれば、新たな教育の機会、学修の機会を創出するという教育へのアクセシビリティを高めることができる画期的な仕組みといえる。

　そして、MOOCs に無償の教科書やテキストを掲載すれば、学生の教科書やテキスト購入コストを大幅に削減することが可能となる。日本だけではなく、多くの国で学費負担増が問題となっているなか、高い学費が高等教育へアクセスするための阻害要因でもあることを考えると、こういった取り組みの一般化が求められる。また、こういったインターネットを媒介とした教育システムは、潜在的な大学受験生への広報ツールとしても有効である旨の研究もある。たとえば、多言語で授業を公開すれば、世界各国から興味・関心をもつ潜在的な受験生の目に触れる可能性があり、優秀な留学生を確保することができる可能性が高まる。さらに、国内においての潜在的受験生が、興味・関心のある大学の授業を事前に視聴することができ、大学選びのツールとして有効に機能することが期待されている（重田 2014, pp. 96-115）。大学の広報ツールとして、グローバルな観点から、国内だけにとどまらず海外広報展開の強化につながる可能性が高いことから、大学経営という側面からみても、今後近い将来重要な大学経営戦略になるはずである。

　これまでの大学・大学院の講義は、オンキャンパスで行うことを基本としていた。しかし、ICT 技術の進展は、世界の大学・大学院の教育・研究をもボーダレス化することになる。このように、ICT 技術の発達による教育・研究の変化は、インターネットを介して、時間や場所を問わず、潜在的な学生だけでなく、日常的に時間を創出することが比較的困難な社会人に対しても、多様な大学の授業やカリキュラム等へのアプローチを可能にしている。

注

1　記載している職名等については、インタビューを実施した際のものである。
2　横山俊夫氏は、インタビュー時は滋賀県立大学副学長であったが、2016 年 4 月
　より静岡文化芸術大学学長に就任されている。

第3章

大学経営国際化の先行事例

　本章では、大学経営におけるグローバル戦略の有用性を確認するために、わが国の大学におけるグローバル化の先行事例を考察する。ここでは、「スーパーグローバル大学創成支援」事業（2014年度）に採択された国際教養大学・会津大学・芝浦工業大学のグローバル戦略を分析する。そして、大学の国際化・グローバル化が地域に及ぼす経済効果を考察するとともに、国際・グローバル戦略が財政的に負担の大きな戦略であることから、大学経営に財務の視点を斟酌したバランス・カードを用いた大学事例の有用性について検討する。

1　スーパーグローバル大学の取り組み

　「スーパーグローバル大学創成支援」事業は、世界レベルの教育研究を行うトップ大学や、先導的試行に挑戦しわが国の大学の国際化を牽引する大学など、徹底した国際化と大学改革を断行する大学を重点支援することにより、わが国の高等教育の国際競争力を強化することを目的としている（文部科学省 2014c）。

　スーパーグローバル大学は、二つのタイプに分けられており、タイプA（トップ型）は、世界ランキングトップ100を目指す力のある研究大学、タイプB（グローバル化牽引型）は、グローバル化を牽引する大学として先進的な取り組みを行っていく大学である。タイプAには16大学が申請し、13大学が採択された。日本を代表する研究大学として、国立大学か

ら北海道大学、東北大学、筑波大学、東京大学、東京工業大学、東京医科歯科大学、名古屋大学、京都大学、広島大学、大阪大学、九州大学の 11 校が採択された。私立大学からは、早稲田大学、慶應義塾大学の 2 校が採択されている。タイプ B には、93 大学が申請、24 大学が採択された。タイプ B には、インタビューを行った国際教養大学、会津大学、芝浦工業大学をはじめ、国立大学では、東京芸術大学、東京外国語大学、千葉大学などが採択された。タイプ A では、社会科学系に強いとされる一橋大学や神戸大学が申請したものの採択されなかった。私立大学では、関東地区では、MARCH[1] といわれる関東における有名私立大学 5 校は、そろってスーパーグローバル大学に申請したが、採択されたのは、明治大学、立教大学、法政大学の 3 校で、青山学院大学、中央大学は採択されなかった。このほかにも関東地区では、従前から国際化に注力してきたことで知られる国際基督教大学と上智大学が採択されている。

　関西地区に目を移すと、関関同立といわれる関西大学、関西学院大学、同志社大学、立命館大学の 4 校が申請したが、採択されたのは関西学院大学、立命館大学の 2 校のみであり、明暗を分ける結果となった。関西地区で関関同立の次にグルーピングされている産近甲龍（京都産業大学、近畿大学、甲南大学、龍谷大学）の 4 大学すべてが、申請しておらず、大学個々のポジションやグローバル化に対する考え方、戦略等の事情がそれぞれ異なることが考えられる。

　関東圏および関西圏といった中核都市にあるスーパーグローバル大学が話題にのぼることが多いが、地方大学がグローバル化に向けて、地域貢献や地方創生に取り組む事例にも注目する必要がある。本章ではそうした地方大学から公立大学 2 校と私立大学 1 校のインタビューを行った。選択理由は次のとおりである。

　①　国際教養大学は、タイプ B に採択された大学であり、大学の国際化・グローバル化を推進し、日本においてグローバル化が最も進んでいる大学である。今回スーパーグローバル大学の申請にあたって掲げている達成目標は、実現の可能性が高く、地方大学にあって、積極的に大学のグローバル化の必要性を発信している大学である。

②　会津大学は、建学の理念に「国際社会への貢献」「地域特性を生かした特色ある教育・研究」「福島県の産業・文化への貢献」を掲げている。国際社会への貢献と地域への貢献を共に掲げ、グローバル化が進んでいるICT分野に人材を育成・輩出することを教育目的としている。大学院では授業はすべて英語で行われており、従来からグローバル化に積極的に取り組んでいる。

③　芝浦工業大学は、理工系私立大学のなかから唯一タイプBに採択されており、技術立国である日本を支える理工系グローバル人材を育成していくことを使命としている。従来からマレーシアの大学との研究・教育交流も積極的に行っており、産官学連携事業にも意欲的に取り組んでいる。タイプBの採択校のなかでも最もストレッチした高い目標を掲げ、国際化・グローバル化への高い意欲と決意がみてとれる。

(1) 三つの大学の基本情報[2]

国際教養大学

国際教養大学は、2004年4月に公立大学法人として開設された。国際教養学部の1学部および専門職大学院としてコミュニケーション実践研究科を有している。国際教養大学は開学当初から、現代はすでにグローバル化時代にあるという認識をもち、国際教養という教学理念のもと、国際社会と地域社会に貢献することをミッションとしている。そして、英語をはじめとしたコミュニケーション能力と、豊かな教養およびグローバルな視野をもった実践力のある人材育成に取り組んでいる。その取り組みの特徴として、国際教養大学は次の五つを挙げている。

①　英語で学ぶ力が身につくように、すべて英語で授業が行われる少人数クラスで運営されている。

②　40か国の国や地域の174大学と提携（2015年4月1日現在）した交換留学制度を整備し、1年間の海外留学が義務となっている。

③　多文化共生キャンパスを実現している。32か国・地域から184人が交換留学生として、10か国・地域から16人が正規留学生として学ん

でいる（2015年4月1日現在）。また、1年間の学生寮生活を過ごすことも義務化されており、さまざまなタイプの留学生との混住型寮を整備している。オンキャンパスでの異文化体験・交流ができるよう配慮がなされている。

④　キャリア・デザイン科目やインターンシップ科目など、きめ細かな進路支援を行い、就職に強い大学として企業からの評価も高く、日本を代表する商社や製造会社等、グローバルに活躍する企業に就職実績を残している。

⑤　グローバル人材となる高い意欲と素質をもった学生を獲得するため、AO入試[3]やグローバル・セミナー入試[4]を導入している。今回のスーパーグローバル大学申請・採択にあたっては、「日本発ワールドクラスリベラルアーツカレッジ構想」を掲げている。

会津大学

　会津大学は、1993年4月に「to Advanced Knowledge for Humanity」をミッションとして掲げ、「創造性豊かな人材の育成」「国際社会への貢献」「密度の高い教育・研究」「地域特性を生かした特色ある教育・研究」「福島県の産業・文化への貢献」を建学の理念として、日本ではじめてコンピュータ理工学に特化した、会津地域初の福島県立大学として開学し、2006年4月に公立大学法人に移行している。コンピュータ理工学部およびコンピュータ理工学研究科の1学部・1研究科のみで構成され、最新のコンピュータを24時間利用できるサービスなど、最高のICTを駆使したコンピュータ環境を提供している。

　また、第2外国語を設けず、卒業論文を英語で作成・発表することを必須とするなど、充実した英語教育を特色としている。コンピュータ理工学研究科では、すでに1997年から4学期制が導入されている。多様な人材の海外からの受入れや、日本人が留学しやすい環境も整備している。また、会津大学が発行している『GUIDE BOOK 2016』（pp. 27-36）によると、在籍者の構成比率は、福島県出身者が44％、県外学生が56％とその構成も特徴的である。就職に強い大学として、開学以来の平均就職内定率は学部

97％、大学院 100％とその高さを誇っている（会津大学 2015）。ほかには、2006 年に先端情報科学研究センター、続いて 2013 年に復興支援センターを設立している。今回の「スーパーグローバル大学創成支援」事業では、「『心・技・体』三位一体による世界で活躍する革新的 ICT 人材の輩出」を目標としている。

芝浦工業大学

　芝浦工業大学は、1927 年に東京高等工商学校として創立され、1949 年に芝浦工業大学となった。建学の精神として「社会に学び、社会に貢献する技術者の育成」を掲げている。工学部、システム理工学部、デザイン工学部の 3 学部に、理工学研究科、工学マネジメント研究科（専門職大学院）を有している。2013 年度の文部科学省「地（知）の拠点整備事業（大学 COC）事業」「『まちづくり』『ものづくり』を通した人材育成推進事業」（芝浦工業大学 2015）、経済産業省の「中小製造業サービス化のための学び直しと価値共創の循環型教育[5]」に採択されたのをはじめとして、2014 年度には大学教育再生加速プログラムにも採択されており、「スーパーグローバル大学創成支援」事業との連携による相乗効果が期待される。今回の「スーパーグローバル大学創成支援」事業では「価値共創型教育を特徴とする理工系人材育成モデルの構築と世界の発展への貢献」を掲げている。理工系私立大学から唯一採択されており、新たな理工系人材育モデルとして「SHIBAURA モデル」を世界に発信すべく、採択された大学のなかでもとりわけ高い数値目標を設定しており、理工系私立大学におけるグローバル化のモデルケースとしてその注目度は高い。

　また、芝浦工業大学は、2015 年 10 月 22 日にガバナンス機能を強化する旨プレスリリースを行っている（芝浦工業大学 2015.10.22）。具体的には、監事を 2 名から 3 名（3 人とも外部監事）に増員し、うち 2 名を常勤化することでガバナンス機能を強化するという。こういったガバナンス強化が芝浦工業大学の掲げる高い達成目標の実現に寄与していくことが期待される。

図表 3-1　基本情報比較一覧[6]

	入学定員[7]			全学生数[8]			教職員数		ST比[9]	SS比[10]
	学部	大学院	計	学部	大学院	計	教員数	職員数		
国際教養大学	175	30	205	870	51	921	73	58	12.6	15.9
会津大学	240	130	370	1,054	174	1,228	107	58	11.5	21.2
芝浦工業大学	1,610	366	1,976	7,512	937	8,449	301	175	28.1	48.3

　大学ランキング 2016 年度版（2015）によると、ST 比（教員 1 人あたりの学生数）は医科系大学が上位にランクされているが、会津大学は 32 位にランクされている。この数字で特徴的なのは、公立大学は私立大学と比べて定員規模が小さく、SS 比、ST 比ともに私立大学に比べて低く、良い教育環境および学生支援環境が提供されているということである。国立大学、公立大学、私立大学では、その財政基盤が異なること、また、医療・保健系学部や理工系学部といった学部構成によっても本比率は大きく影響を受ける。特に理工系の私立大学では、実験機器や装置などの新規導入や更新といった設備整備にかかる財政的負担も大きく、大学運営上 ST 比が大きくならざるを得ないことを理解しておく必要がある。

（2）「スーパーグローバル大学創成支援」構想調書に掲げる指標の比較分析

① 国際化関連多様性に関する指標
　図表 3-2 に示されるように国際教養大学は、開学当初からグローバル人材の育成を教育目標として掲げていることから、外国人教員が圧倒的に多く、改めて目標を設定する必要がない。会津大学も、会津発の IT 企業を中心としたグローバル企業にグローバル人材を輩出していくという目標から、すでに外国人教員数等比率が高い。芝浦工業大学も決して低い数字ではない。

図表 3-2　教員に占める外国人および外国の大学で学位を取得した
専任教員等の割合

	2013 年度		2023 年度		2013 年度 比増減
	外国人教員数等[11]	割合	外国人教員数等	割合	
国際教養大学	53	85.5%	76	87.4%	+1.9%
会津大学	47	43.9%	54	50.5%	+6.6%
芝浦工業大学	76	25.2%	180	60.0%	+34.8%

　ただし、目標値は 104 人増とかなり意欲的な数値目標を掲げている。この数値目標を達成していくためには、新たな採用人事はもとより、補充人事においても、積極的に国際公募を行うなどして、リクルーティングを行う必要があるだろう。外国の大学で学位を取得した教員のすべてが研究・教育力の高い教員とは限らない。研究力や教育力を有した質の高い教員をいかに採用できるかが大きな課題といえる。

図表 3-3　職員に占める外国人および外国の大学で学位を取得した
専任職員等の割合

	2013 年度		2023 年度		2013 年度 比増減
	外国人職員数等[12]	割合	外国人職員数等	割合	
国際教養大学	34	52.3%	45	52.9%	+0.6%
会津大学	3	5.4%	6	10.7%	+5.3%
芝浦工業大学	21	13.0%	60	33.3%	+20.0%

　国際教養大学は、外国人職員数等の割合は 50％を超えており、すでに事務職員の国際化が進んでいる。意外なのは、会津大学が外国人教員数等の割合と比べて、外国人職員数等が極端に低い割合となっていることである。これは、福島県から派遣される職員との関連も考えられるが、目標数値も低く、事務職員の国際化についてあらゆる面からの検討が必要である。優秀なプロパーを採用するにあたっての給与面や生活サポート面といった条件整備が十分でないということも要因の一つとして考えられる。

　芝浦工業大学は、私立大学としてはかなり高い割合を示していると考えられ、数値目標は現状の約3倍とかなり意欲的な数値となっている。数値目標は重要ではあるが、質がともなっていなければならない。外国の大学で学位を取得した専任職員等の割合を高めることが重要なのではなく、海外の大学での在学中に国際的な感覚を身につけ、高い外国語運用能力や交渉力、多様性を受け入れる寛容性といった汎用的な能力を獲得した事務職員をいかに多く採用できたかが重要なことなのである。そのためには、採用にあたって応募者の優れた潜在能力を見抜くために、採用にあたる側の評価能力を高める研修を行うといった工夫が求められる。

　図表3-4からは国際教養大学では、女性教員の割合が他の2大学と比較して大きく、教員の多様化が進んでいることが確認できる。しかし、5割を超えてはおらず、ワークライフ・バランスに配慮した働きやすい職場環境の実現が望まれる。国際教養大学が他の2大学と比較してこのような比率を実現している要因として、開学当初のキャリア採用による外国語運用能力の高い人材の獲得が関係していると考えられる。他の2大学は積極的に多様化を図る必要がある。

　科学技術・学術分野における女性の参画はいまだ不十分であり、積極的な改善が求められているところである（内閣府男女共同参画局 2010）。そのような状況のなか、芝浦工業大学は男女共同参画推進室を設置して、女性研究者支援や女性学生支援を通じて、多様性を確保し、研究の活性化を図るべく鋭意取り組んでいる（芝浦工業大学 2014a）。

図表3-4　教員に占める女性の比率

	2013 年度		2023 年度		2013 年度比増減
	女性教員	割合	女性教員	割合	
国際教養大学	20	32.3%	30	34.5%	+2.2%
会津大学	9	8.4%	15	14.0%	+5.6%
芝浦工業大学	26	8.6%	80	26.7%	+18.1%

　図表3-5では、事務職員に占める女性比率は、3大学とも比較的高い割合を示していることが示されている。男女共同参画や雇用機会均等法によ

る女性の積極的な採用、キャリア採用の実施によることや、専任事務職員
数には嘱託職員数が含まれていることも割合に大きく影響していると推測
される。

図表 3-5　事務職員に占める女性の比率

	2013 年度		2023 年度		2013 年度比増減
	女性事務職員	割合	女性事務職員	割合	
国際教養大学	36	55.4%	48	56.5%	+1.1%
会津大学	17	30.4%	22	39.3%	+8.9%
芝浦工業大学	78	48.4%	90	50.0%	+1.6%

　図表 3-6 では、国際教養大学の約 3 人に 1 人が外国人留学生であり、多
くの外国人留学生をすでに受け入れていることが示されている。そのう
ち、交換留学生だけをみてみても、32 か国・地域から 184 人の交換留学生
が在籍している。その交換留学協定校数は、2015 年 4 月 1 日現在で、46 か
国・地域 174 校に上っており、1 学年の入学定員が 175 人であることに鑑
みても、キャンパスの多様化が進んでいるといえる（国際教養大学 2015）。
　会津大学は、国際教養大学と比較するとその数は大きいとはいえない
が、理工系大学としては健闘している数値といえる。芝浦工業大学は、現
在はかなり低い割合といえるが、その目標値は約 2,700 人増を数値目標と
しており、国際教養大学並みの割合を目指している。多様な国や地域から
多くの外国人留学生を受け入れることは、日本人学生にとって異文化理解
や多様な価値観を理解する絶好の教育機会を創出することになる。

図表 3-6　全学生に占める外国人留学生の割合（通年）

	2013 年度		2023 年度		2013 年度比増減
	外国人留学生	割合	外国人留学生	割合	
国際教養大学	350	33.3%	470	37.9%	+4.6%
会津大学	73	5.7%	103	7.8%	+2.1%
芝浦工業大学	123	1.5%	2,820	29.4%	+27.9%

② 国際化関連 流動性に関する指標

国際教養大学は、1年間の海外留学を義務づけている。それゆえ海外留学経験者数が34.3%という数字は少ないようにみえるが、海外留学は2年生以降であるため、図表3-7の数値となっている。会津大学の0.1%という数値はあまりにも小さく、数値目標を50人としている。理工系学部では、そのカリキュラム特性から長期にわたる留学が難しい面を有しているが、2016年4月より4学期制を導入しており、短期留学のしやすい環境を整備している。このような工夫により、より多くの学生が3か月の単位で留学できるシステムを整備したことになる。今後、この4学期制がどのように機能していくか、その推移を注視したい（会津大学 2016）。

芝浦工業大学も同じ理工系として、現在の数値は理解できる。ただし、数値目標は全員留学の100%としており、大学や学生が負担する財政的な問題、提携大学の確保、カリキュラムや学期制の改革も含めて、相当の工夫が必要になると推測される。留学経験者を増やすことはもちろん重要なことではあるが、大学は単に留学プログラムを提供するのではなく、学生が留学で学ぶ明確な目的をもち、自らが主体的に異文化理解や多様な価値観を受容することができるよう、事前研修や事後研修、報告会といった学生の学びを促進する仕組みづくりが求められる。

図表3-7　日本人学生に占める留学経験者の割合

	2013 年度		2023 年度		2013 年度比 増減
	海外留学経験者数[13]	割合[14]	海外留学経験者数	割合	
国際教養大学	356	34.3%	470	38.4%	+4.1%
会津大学	1	0.1%	50	3.8%	+3.7%
芝浦工業大学	138	1.7%	2,700[15]	100.0%	+98.3%

図表3-8は大学間協定に基づく派遣日本人学生数が示されている。国際教養大学は、1対1の学生交換協定の締結を基本に、すでに174校の海外協定大学（2015年4月1日現在）を有しており、十分な数値を確保してい

る。会津大学の現時点の 16 人という数は、定員規模や理工系のカリキュ
ラム特性から考えて、妥当な数字であると考える。目標数値は、2016 年 4
月から 4 学期制が導入されたこと、海外大学との交流もこれまで盛んに行
われていることを考えると、実現可能な数値といえる。芝浦工業大学は、
割合はともかく 2,300 人という目標数値は、新規協定校開拓の点から考え
ても、かなり高い数値目標となっていることから、実現に向けては相当な
労力や工夫が求められる。

図表 3-8　大学間協定に基づく派遣日本人学生数

	2013 年度		2023 年度		2013 年度 比増減
	派遣学生数[16]	割合	派遣学生数	割合	
国際教養大学	179	17.0%	230	18.5%	+1.5%
会津大学	16	1.3%	38	2.9%	+1.6%
芝浦工業大学	303	3.6%	2,300	23.2%	+19.6%

　図表 3-9 に注目してみよう。国際教養大学と会津大学の受入外国人留学
生数と派遣日本人学生数に格差が生じている。この格差は、交換留学期間
が 1 学期あるいは 1 年間であることが主たる要因と考えられる[18]。芝浦工業
大学は、派遣日本人学生数からみるとバランスがとれている。しかしなが
ら、数値目標の達成のためには、かなり困難な状況が推測される。今後の
取り組み状況を注視していきたい。

図表 3-9　大学間協定に基づく受入外国人留学生数

	2013 年度		2023 年度		2013 年度 比増減
	受入学生数[17]	割合	受入学生数	割合	
国際教養大学	334	31.7%	455	36.7%	+5.0%
会津大学	23	1.8%	49	3.7%	+1.9%
芝浦工業大学	72	0.9%	2,360	23.8%	+22.9%

③　国際化関連 語学力関連に関する指標

　国際教養大学は、開学当初からすでにカリキュラム、授業科目、教員採用等から計画的に環境を整備してきた（図表3-10参照）。会津大学は、第2外国語を開講せず、英語のみに特化し、英語での卒業論文を必須化するなどしている。理工系分野では、英語による研究が必須であり、意欲的な取り組みを行っている。芝浦工業大学の英語授業科目数は現時点では多いとはいえない。目標数値は、約半数の科目を英語による授業科目で開講することを目標としており、今後の外国人教員採用を計画的かつ着実に実行しなければ達成は難しいと考えられる。

　また、英語による授業は、外国人教員だけでなく、日本人教員も行うことになるが、英語を母語としない日本人教員にとって英語で授業を行うことは、相当の負担を強いることになる。それゆえ、別途手当を支給することや、研究面でのサポートを強化するといった何かインセンティブとなるような仕組みづくり、ならびに、ファカルティ・ディベロップメントとしてのサポート体制を整備する必要がある。また、日本人学生が英語で学べる科目を受講し、理解するためには、相当の外国語運用能力が必要となることから、外国語運用能力を高める仕組みを同時に準備しなければならない。芝浦工業大学は、英語学習を支援するe-ラーニングシステムをすで

図表 3-10　英語による授業科目数・割合

	2013 年度		2023 年度		2013 年度比増減
	英語授業科目数	割合[19]	英語授業科目数	割合	
国際教養大学	389	95.8%	467	96.5%	+0.7%
うち学部	349		427		
うち大学院	40		40		
会津大学	157	55.5%	202	71.4%	+15.9%
うち学部	25		70		
うち大学院	132		132		
芝浦工業大学	75	3.4%	1,020	46.4%	+43.0%
うち学部	4		600		
うち大学院	71		420		

に構築している。このような e- ラーニングの英語学習支援システムが、学生の英語運用能力の向上のために、どのように機能しているのか、教育効果の測定とその効果検証が期待される。

　図表 3-11 は外国語のみで卒業できるコースの設置数が整理されている。国際教養大学は、すでに英語だけで学位が取得できるコースが設置されており、外国人留学生の受入れ体制が整備されている。国際教養大学の大学院は、グローバル・コミュニケーション実践研究科という専門職大学院が含まれている。会津大学では、まだ大学院のみの設置となっているが、ノウハウをすでに有していることから、学部での設置は比較的容易であるように考えられる。日本人学生にとっても英語のみで学位が取得可能なコースに所属すれば、英語をコミュニケーションツールとして使いこなし、英語で思考し、高度な交渉力を兼ね備えたグローバル人材の育成につなげることができる。芝浦工業大学でもすでにコースが設置されている。日本人だけではなく、外国人留学生を含めたクラス編成とすることで、オンキャンパスにおいてグローバル環境を提供することができ、その教育効果が高まる。

図表 3-11　外国語のみで卒業・修了できるコースの設置数

	2013 年度		2023 年度		2013 年度 比増減
	コース数	割合	コース数	割合	
国際教養大学	3	75.0%[20]	3	75.0%	0%
うち学部	1	100.0%[21]	1	100.0%	0%
うち大学院	2	66.7%[22]	2	66.7%	0%
会津大学	2	66.7%	3	100.0%	+33.3%
うち学部	0	0.0%	1	100.0%	+100.0%
うち大学院	2	100.0%	2	100.0%	0%
芝浦工業大学	8	23.5%	28	51.9%	+28.4%
うち学部	0	0.0%	18	51.4%	+51.4%
うち大学院	8	47.1%	10	52.6%	+5.5%

　外国語のみで卒業できるコースの在籍者数（図表 3-12）をみると、国際
教養大学は、すべての授業を英語で行うことを基本としていることから、
すでに高い割合となっている。会津大学は現時点は、大学院在籍者数のみ
であるが、今後学部においても英語で卒業できるコースが設置されれば、
順調に数値目標を達成していくだろう。芝浦工業大学は、現状の 34 人か
ら 2,370 人という数値目標を達成するという。派遣日本人学生数および受
入外国人留学生数とすべて連動した数値目標となっているが、達成のため
のプロセス管理やそのプロセスを実行に移すためには、外国人教員や海外
で学位を取得した日本人教員、海外の大学での教育歴を有した日本人教員
といった人的資源の計画的な獲得と配置、さらには財政的なバックアップ
など多面的に取り組む必要がある。

図表 3-12　外国語のみで卒業できるコースの在籍者数

	2013 年度		2023 年度		2013 年度比増減
	在籍者数	割合	在籍者数	割合	
国際教養大学	902	85.7%[23]	1,002	80.8%	-4.9%
うち学部	873	87.6%[24]	973	82.5%	-5.1%
うち大学院	29	52.7%[25]	29	48.3%	-4.4%
会津大学	190	14.9%	360	27.3%	+12.4%
うち学部	0	0.0%	140	12.7%	+12.7%
うち大学院	190	100.0%	220	100.0%	0%
芝浦工業大学	34	0.4%	2,370	23.9%	+23.5%
うち学部	0	0.0%	450	5.6%	+5.6%
うち大学院	34	3.7%	1,920	100.0%	+96.3%

④　国際化関連 大学の国際開放度に関する指標

　国際教養大学は、いろいろなタイプの学生寮がすでにキャンパス内に設置されていることから、外国人留学生の入居枠数を増やすなどすれば、その数値目標の達成は難しくないと考えられる（図表3-13）。会津大学にしても、規模こそ小さいけれども同様のことがいえる。芝浦工業大学は、約10倍の目標数値を達成するために、10年後を目途として二つ目となる留学生寮の建築を計画している。

　留学生寮は、大学の国際化・グローバル化を促進していくためには、整備しなければならない必須の環境である。しかし、設置にあたっての初期投資、さらには継続的に運営していくためのコストが必要となり、財政的に相当の負担がかかる。今後は、一つの大学だけで留学生のための学生宿舎を運営する形態だけでなく、複数の大学で形成するコンソーシアムで運営する、あるいは、地域活性化の観点から地方自治体と連携・協働して設置・運営を行うといったことも視野に入れて取り組んでいく必要がある。

図表3-13　混住型学生宿舎に入居している外国人留学生

	2013 年度		2023 年度		2013 年度 比増減
	外国人留学生数	割合	外国人留学生数	割合	
国際教養大学	140	100.0%	200	100.0%	0
会津大学	20	100.0%	40	100.0%	0
芝浦工業大学	31	100.0%	300	75.0%	-25.0%

　ところで、国際教養大学も会津大学も、すでに外国人留学生と日本人学生とが同じエリアで生活を共にすることができる混住型学生寮が整備されている。収容人数は大きく変更することはできないが、日本人学生数と外国人留学生数の入居割合を変更するなどの工夫により、今後増加が予想される外国人受入留学生に対応していこうと計画しているように読み取ることができる。芝浦工業大学は、先に述べたように数値目標達成のためには、新たな留学生寮の建設が必要となる。混住型学生寮の取り組みは、外

国人留学生と日本人学生との日常的な交流による教育的効果だけでなく、正課授業との連携による相乗効果が期待され、教育の場としての機能が期待されている。

図表 3-14　混住型学生宿舎に入居している日本人留学生

	2013 年度		2023 年度		2013 年度比増減
	日本人学生数	割合	日本人学生数	割合	
国際教養大学	627	68.8%	607	62.6%	-6.2%
会津大学	67	5.5%	47	3.8%	-1.7%
芝浦工業大学	75	0.9%	300	4.2%	+3.3%

⑤　ガバナンス改革関連 人事システムに関する指標

　年俸制の導入（図表 3-15）については、各大学で政策が異なっている。年俸制については、年度ごとに適切な教員評価を研究・教育・社会貢献等の面から行い、双方納得のうえ契約更改していくことが求められる。そういう意味では緊張感のある制度であり、教育や研究・社会貢献に意欲的で、達成度や貢献度の高い教員にとっては意義のある制度である。

　しかしながら、伝統的な日本の雇用慣行である終身雇用や年功序列といった制度と比較すると、継続的な雇用の保証もなく、安定的な収入確保による生活設計が困難となるなどの面も否めず、高等教育界での教員評価は、いまだ成熟していないことを考えると、年俸制の導入は継続して取り組むべき課題である。また、任期のある職種として採用されることで、若

図表 3-15　年俸制の導入　教員

	2013 年度		2023 年度		2013 年度比増減
	教員数	割合	教員数	割合	
国際教養大学	62	100.0%	62	100.0%	0%
会津大学	0	0.0%	0	0.0%	0%
芝浦工業大学	11	3.7%	45	15.0%	+11.3%

手研究者が自立した研究者として経験を積み、適格審査の後に安定的な職を得ることができる仕組みであるテニュアトラック制度との連携も必要である。

　事務職員の年俸制（図表 3-16）についても、教員とほぼ同様のことがいえる。事務職員の評価制度についても、大学は営利企業ではないことや部署によって業務内容が大きく異なることなどから、業務達成度を測定することは難しい。ある程度の幅で給与に差を設定することはできるであろうが、極端な差を設けることは現実的ではない。ただし、意欲的でやる気のある事務職員をいかに育成していくか、いかにモチベーションを維持・向上させていくのかといった観点から考えると、目標管理制度の導入による達成度評価や表彰制度などの構築が望まれる。

　日本の大学事務職員の多くはジェネラリストであり、定期的な人事異動が行われるのが通常である。しかし、業務が複雑化・高度化しており、専門的な知識やマネジメント能力、加えて外国語運用能力などが求められるようになってきている。このような観点からの人事制度の検討も喫緊の課題として考えるべきである。

図表 3-16　年俸制の導入　事務職員

	2013 年度		2023 年度		2013 年度比増減
	事務職員	割合	事務職員	割合	
国際教養大学	55	84.6%	62	72.9%	−11.7%
会津大学	0	0.0%	0	0.0%	0%
芝浦工業大学	3	1.9%	30	16.7%	+14.8%

　事務職員の高度化（図表 3-17）に向けた各大学の基準は、国際教養大学が TOEIC 750 相当以上、TOEFL 530 相当以上、会津大学は TOEIC 580以上（現状の業務およびコミュニケーションに支障のないレベル）となっている。また、芝浦工業大学は、TOEIC 800 点、TOEFL 500 点、通算 1年以上の留学もしくは海外赴任歴としている。英語運用能力の高低だけで、国際化・グローバル化に対応できる事務職員の採用・育成を考えるこ

とは適切ではないが、事務職員の国際化度を測る指標の一つとして考えることは適当であると考えられる。

　各大学によって設定している英語運用能力基準が異なっているが、本来的には求められる能力を標準化すべきである。国際教養大学の割合はすでに高い水準に位置している。県からの派遣職員であることを考慮すると、プロパー採用時から高い水準の英語運用能力が要件として設定されていることがわかる。会津大学の数値目標も、県立大学であることから、適切な数値といえる。芝浦工業大学は、設定している各種数値目標達成のためには、事務職員の国際関連業務にかかる高度化は必須であり、今後の人材育成、キャリア採用も含めた人事計画を着実に実施していくことが求められる。

図表 3-17　事務職員の高度化への取り組み

	2013 年度		2023 年度		2013 年度比増減
	事務職員	割合	事務職員	割合	
国際教養大学	47	72.3%	65	76.5%	+4.2%
会津大学	15	26.8%	21	37.5%	+10.7%
芝浦工業大学	19	11.8%	60	33.3%	+21.5%

⑥　三大学の相対評価

　国際教養大学は、ほぼすべての指標で他の2大学の現状を上回りかつ目標値も高い値となっている。先にも述べたが、グローバル化をコンセプトに設置された大学であり、実体がともなっているといえる。グローバル化をこれから推進していこうとする大学やグローバル化の途上にある大学のお手本ともいえるのだが、文部科学省はなぜすでにグローバル化した国際教養大学を「スーパーグローバル大学創成支援」事業に採択し、補助金を拠出するのであろうか。国際教養大学を日本で一番グローバル化が進んでいる大学として、他の大学の模範とすべく、あえて採択し、日本の大学のグローバル化の基準となるよう採択したといったことも採択理由の一つに挙げることができるであろう。

　会津大学は、当初からIT人材の育成を教育の目的としていることか

ら、ICT とグローバルとの関連性をみれば、国際化・グローバル化の必要性を当初から認識しているといえる。その会津大学は、大学院では英語のみで修了できるコースが設置されており、国際化・グローバル化が整備されているが、学部レベルでは国際化・グローバル化が十分ではない。このことは、種々の要因が考えられるが、学部レベルでの基礎的な英語運用能力が現時点では不足しているのではないかと推察できる。理工系分野を志望する高校生は、英語が苦手であるということが一般的にいわれるが、理工系分野では文系分野以上に英語運用能力が必要であることをしっかりステークホルダーに訴求するとともに、教育の質保証として入学後どれだけ英語運用能力を伸ばす教育を行っていくことができるのかが重要な課題であるように考えられる。

　芝浦工業大学は、ほぼすべての指標において、その目標がかなり高い値として設定されており、非常にストレッチした目標設定になっているといえる。高い目標値を掲げることはすばらしいことではあるが、目標を達成するためには、財政的な基盤、経常収支に占める人件費比率を含めた計画的な人事計画、教育の質保証をともなったカリキュラム改革等が必要である。そして、目標達成のためのアクションプランの構築と着実な実行にあたっては、何より教職員一人ひとりがなぜ国際化・グローバル化が必要であるのかという共通認識と理解が醸成されている必要がある。大学固有の組織文化を踏まえ、目標に対する戦略と共通認識を図り、着実な政策展開が望まれるところである。

(3) スーパーグローバル大学の数値目標に対する達成状況

　(2) ではスーパーグローバル大学のうち、国際教養大学、会津大学、芝浦工業大学の三つの大学にしぼって、各指標のそれぞれの大学の現状と数値目標（指標）をみてきた。ここでは、「スーパーグローバル大学創成支援」事業に採択されたすべての 37 大学における数値目標に対する進捗状況について、JUNBA 2016 in JAPAN「10 年を振り返る」(2016) をもとに考察していく。

　「スーパーグローバル大学創成支援」事業は、社会的にインパクトのある文部科学省補助事業である。本事業に採択された 37 大学の学生数および教職員数から、そのインパクト度をみてみる。採択されたスーパーグローバル大学 37 校の学生総数は約 55 万人であり、教職員数は約 8 万人となる。日本の大学全体の学生数が約 282 万人、教職員数が約 40 万人であることから、それぞれ約 20％に相当することとなる（JUNBA 2016 in JAPAN「10 年を振り返る」2016）。文部科学省の学校基本調査平成 28 年度速報によると、日本の大学総数は 777 校であり、その内訳は国立大学 86 校、公立大学 91 校（うち公立大学法人 66 校）、私立大学 600 校となっている。「スーパーグローバル大学創成支援」事業に採択された 37 大学は、大学総数のわずか 5％程度にすぎないが、学生総数はほぼ 20％に相当することから、インパクトの大きさをうかがうことができる。しかし、多くの大学は、そのインパクトの大きさには気づいておらず、大学経営戦略として国際化・グローバル化を進めている大学とそうでない大学との差は、いずれ研究力や教育力、そして地域への貢献度、ひいては学生募集力の差となって近い将来現れてくると考えられる。

　各大学に共通の成果指標として設定されている国際化関連指標、ガバナンス関連指標、教育改革関連指標のうちのいくつかの達成目標項目について、その設定目標に対する進捗状況を示したものが図表 3-18 である。ここでは、全学生に占める外国人留学生の割合、大学間協定に基づく派遣日本人学生数の割合、外国語による授業科目の割合、外国語のみで卒業できるコースの在籍者割合、混住型学生宿舎に入居する日本人の割合の伸びは、いずれも 0.2 ポイントから 0.8 ポイントしか上昇していないことが読みとれる。

　国際化関連の指標である外国語による授業科目の割合および外国語のみで卒業できるコースの在籍者割合が、他の数値目標の進捗状況と比較して低い数値となっている理由としては、特に英語で授業を行うことができる外国人教員もしくは海外で学位を取得した日本人教員の不足であったり、海外での教育・研究歴を有している教員の数が増えてないことが考えられる。また、学内において外国語での授業を増やしたり、特に英語だけの授

図表 3-18 　スーパーグローバル大学の数値目標に対する達成状況 （平均実績）

共通の成果指標 　○ 「スーパーグローバル大学」 に相応しい実績を有し、かつ目標設定がなされているか。		2014 実績	2015 実績	対前年比	2023 目標
国際化関連	外国人および外国の大学で学位を取得した専任教員等の割合	27.6%	30.6%	3.0%	47.0%
	全学生に占める外国人留学生の割合	6.5%	7.2%	0.7%	13.0%
	日本人学生に占める単位取得をともなう留学経験者の割合	3.1%	3.6%	0.5%	12.6%
	大学間協定に基づく派遣日本人学生数の割合	2.6%	3.1%	0.5%	8.4%
	外国語による授業科目の割合	7.3%	8.1%	0.8%	21.9%
	外国語のみで卒業できるコースの在籍者割合	3.9%	4.4%	0.5%	9.5%
	外国語力基準を満たす学生数の割合	14.6%	16.1%	1.5%	46.7%
	シラバスの英語化割合	11.8%	21.9%	10.1%	70.6%
	混住型学生宿舎に入居する日本人の割合	2.2%	2.4%	0.2%	4.3%
ガバナンス関連	年俸制の導入割合	17.1%	22.8%	5.7%	35.9%
	テニュアトラックの導入割合	7.1%	10.8%	3.7%	16.1%
	事務職員の高度化 （外国語力基準を満たす職員割合）	8.6%	11.7%	3.1%	27.5%
教育改革関連	ナンバリング実施割合	10.7%	40.9%	30.2%	100.0%
	TOEFL 等外部試験の学部入試への活用割合 （対象入学定員）	7.8%	8.8%	1.0%	35.1%
	学生による授業評価実施授業科目割合	48.1%	50.8%	2.7%	81.1%

（出所） 　JUNBA 2016 in JAPAN 「10 年を振り返る」 （2016） をもとに筆者作成

（注） 　　JUNBA とは、Japanese University Network in the Bay Area の略で 「サンフランシスコ・ベイエリア大学間連携ネットワーク」 のことである （JUNBA 2016）。

業で学位が取得できるコースの設置数もしくは当該コースの受入許容人数が限定的であることなどが想定される。それらの結果として、日本語履修歴を有していない外国人留学生の日本への留学が促進されず、全学生に占める外国人留学生の割合の増加が低調に推移しているのではないだろう

か。そして、混住型学生宿舎に入居する日本人の割合の伸びが低い理由としては、新たに混住型学生宿舎を設置するためには、イニシャルコストとして設置経費が大きく、設置後のランニングコストが経常的に必要となるなど財務的な負担の大きさが阻害要因として考えられる。

　一方、国際化関連の指標であるシラバスの英語化割合、ガバナンス関連の指標である年俸制の導入割合およびテニュアトラックの導入割合、教育改革関連の指標であるナンバリング実施割合は他の指標と比べて、比較的順調に推移している。シラバスの英語化およびナンバリングの実施については、他の指標に比べて取り組みやすいことや、実施にあたっての学内協力体制や合意形成が得られやすいことが考えられる。また、大学ガバナンス改革の一環として2014年8月に行われた学校教育法および国立大学法人法の一部改正は、学長のリーダーシップにより全学的な取り組みが進むよう改正されたものであるが、このようなガバナンス改革の結果として、ガバナンス関連の指標である年俸制の導入割合やテニュアトラックの導入割合が、他の項目と比較して順調に伸びている要因の一つと考えられる。

　このように、大学の国際化・グローバル化に向けては、スーパーグローバル大学であっても、その歩みは簡単ではなく、進みやすい項目とそうでない項目とがある。それら進捗しない阻害要因を明らかにし、阻害要因の解決に向けた環境整備を行うために必要となる要件を明らかにしていく必要がある。また、大学の国際化・グローバル化がどのように研究力および教育力の向上に寄与し、大学経営における競争力の維持・向上にどの程度貢献しているのかといったことについて、エビデンスベースで測定可能な指標を開発し、広く社会に伝えていかなければならない。

2　大学の地域貢献に関する先行研究

(1) 地域貢献に関する大学の類型化

松村（2012, pp. 91-97）は、大学の歴史的な経緯から、全国各地に設置

されている地方大学の存在そのものが地域貢献のためにあると指摘している。このことは、認証評価の際にも、教育、研究だけでなく、地域貢献の観点からも評価されていることが一つの証左であるとしている。

　杉岡（2007, pp. 77-96）は、「地学連携によるまちづくり」の取り組み方について「大学法人主導型」「大学教員主導型」「学生主導型」「ガバナンス型」に4分類している。大学法人主導型は、大学トップレベルの方針や指令に基づいて行われる単発的な取り組みが固定的に行われている取り組みである。大学教員主導型・学生主導型は、大学の特定の教員や学生がそれぞれの専門性を活かして自主的に行う取り組みである。ガバナンス型は、これまで行ってきた教員や学生の取り組みが功を奏して、大学が組織として専門部局を設置して、地域貢献への取り組みを行う型であるとしている。

　高嶋裕一ほか（2006, pp. 171-185）は、大学の地域貢献活動を次のように類型化し、定義している。パターン1として、大学が集積された知（専門知識）を地域の問題解決に役立てること、あるいは大学教員が地域からの要請に応えることが定義されている。パターン2は、face to face のコミュニケーションによって、研究者が社会ニーズを取り込んで行うこと、あるいは地域に根差した研究を行うことである。パターン3は、さまざまなバックグラウンドをもつ人々が集まる場を提供することである。パターン4は、利害関係に縛られずに地域に対して発言・提言を行うことである。パターン5は、地域の情報を記録・保存・発掘・（再）評価することである。パターン6は、地域間で情報を伝える、収集することである。パターン7は、地域で活躍する人材を育成することとしている。

　そして、このようなパターンから、大学がとるべき地域戦略として、現在の地域のニーズではなく、未来の地域のニーズを分析する必要があると述べている。また大学が実施した取り組みが結果的に経済効果をもたらすのではなく、将来ニーズをしっかりと把握したうえで、経済効果をもたらすことができるように戦略的に取り組むことが重要であるとしている。

　藤井（2008, pp. 127-137）は、大学の使命からみた地域貢献活動を第3の使命として、次の四つに分類している。

　①　地域と一体となった国際交流を推進すること。

②　生涯学習機関の拠点として公開講座を行うこと。

③　大学の知の還元として、産官学連携を行うこと。

④　地域社会をフィールドとした教育・研究活動や課外活動として地域
　　活動に参加すること、大学施設を開放すること。

　藤井（2008）の分類は、国際交流が地域の活性化につながるという認識を示しており、大学が推進する国際交流と地域の活性化との関係の重要性を指摘している。その国際交流の内容は、地域と一体となった国際交流の推進を意味しており、具体的な例として、相互理解を深める場づくりや交流会の実施、異文化交流を絡めた地域活性化プロジェクトを挙げている。

　ここまで地域貢献について、大学の取り組み方のパターン、地域貢献活動の分類をみてきた。そのなかで、藤井（2008）は地域と一体となった国際交流の推進が地域貢献につながる旨を述べているが、大学の国際化・グローバル化が、結果的に経済波及効果を地域にもたらすということを直接的に論じているわけではない。また、グローバル化をすすめる会津大学、国際教養大学の両大学も、各々の取り組みのなかで、大学が国際化・グローバル化することが、地域貢献につながるということを直接的には論じてはいない。しかし、グローバル化が急速に進展している社会では、地域社会・経済においてもグローバル化の波にさらされている。地域に位置する大学が、国際化・グローバル化することを通じて地域に貢献していくという新たな地域貢献の分類が今後必要となる。

（2）地域貢献への経済効果

　ここでは、会津大学と国際教養大学がそれぞれの観点から地域への経済効果を数値で測定し、評価している内容を詳しくみていくことで、国際化・グローバル化を進展させている大学、あるいは国際化・グローバル化した大学が地域にどのように貢献しているのかについて考察を述べたい。

　会津大学は、「スーパーグローバル大学創成支援」構想調書のなかで、地域企業やベンチャー企業に世界レベルで活躍できる優秀な人材を輩出することにより、地域産業の振興および震災からの復興に貢献することができ

ると述べている。具体的な取り組みとして、会津大学復興支援センターを
設置し、同センターを ICT グローバル拠点として位置づけて、最先端の
ICT に関する研究、人材育成を行っている。特にコンピュータ IT 分野
は、常に世界各国との競争にさらされているグローバル環境にある。地域
の ICT 企業に優秀な人材を提供するということは、グローバル人材を提
供するということであり、そのためには、大学がさまざまな点で国際化・
グローバル化に向けた取り組みや環境整備を行い、グローバル人材の育成
を行っていく必要がある。

　会津大学の元学長である角山氏は、「Innovation Coast」（角山 2014）と
題した発表資料のなかで、会津大学の地域への経済効果は、1 年間の概算
総額で約 40 億円であると示している。その内訳は、教職員・学生の生活費
で 20 億円弱、会津大学発ベンチャーの売上高が 20 数億円という試算であ
る。会津大学は、学生 1,000 人あたりの大学発ベンチャー数では圧倒的に
日本で一番であるということが 2014 年 1 月 8 日付の「日経グローカル[26]」で
紹介されている（会津大学 2014a）。

　国際教養大学は、地域への経済効果をより詳細に試算している。2013
年 11 月 29 日付の国際教養大学のニュース（国際教養大学 2013）によれ
ば、国際教養大学は一般財団法人秋田経済研究所に、地域経済に及ぼす経
済効果について試算を依頼したという。また、その結果について一般財団
法人秋田経済研究所（2013）は、国際教養大学の諸活動がもたらす経済効
果は総額で約 40 億 1500 万円と試算し、以下のように報告している。

　試算方法としては、国際教養大学の 2012 年度財務諸費用から、経済効
果を四つに大別して、効果ごとに費用を分類し、整理している。その測定
方法としては、秋田県企画振興部調査統計課が 2010 年 6 月に表した「平成
17 年秋田県産業連関表」を用いている。経済効果の内訳は次のとおりであ
る。教育・研究活動による効果が 8 億 2800 万円、教職員・学生の消費によ
る効果が 22 億 2500 万円、その他の活動による効果が 1 億 3700 万円、施設
整備による効果が 7 億 3900 万円である。そのほかにも数値に表すことが不
可能な波及効果として、国際教養大学への県内高校生の進学、卒業生の県
内企業への就職、秋田県内の小学校・中学校・高校等との交流事業、東ア

図表 3-19　平成 24 年度 国際教養大学の科学技術研究費等の競争的資金内訳

（単位：円）

	県内支払	県外支払	国内旅費	外国旅費 （対象外経費）	対象外経費	諸謝金等 （人件費へ）	合計
消耗品費	1,032,699	258,174	0	0	0	0	1,290,873
国内旅費	0	0	5,610,622	0	0	0	5,610,622
外国旅費	0	0	0	1,915,051	0	0	1,915,051
諸謝金	0	0	0	0	0	291,800	291,800
その他報酬	0	0	0	0	0	215,000	215,000
外部委託費	0	0	0	0	342,000	0	342,000
人件費	0	0	0	0	950,246	0	950,246
振込手数料	44,019	0	0	0	0	0	44,019
合　計	1,076,718	258,174	5,610,622	1,915,051	1,292,246	506,800	10,659,611

6,945,514	3,207,297	506,800
対象経費	対象外経費	人件費

（出所）　一般財団法人秋田経済研究所（2013, p. 4）

　（注）　大学からの提供資料に基づき、科研費等を県内・県外支払、国内・外国旅費、対象外
　　　　経費、諸謝金等に分類した。

ジア調査研究センターによる県内企業の海外ビジネスへの支援、メディア
への露出による秋田県のイメージアップへの貢献などを挙げている。

　教育・研究活動による効果は、直接効果として5億6100万円、直接効果
により誘発される一次波及効果が1億7900万円、この生産誘発効果が労働
対価として雇用者の所得増につながり、その結果消費支出が増え、また生
産が誘発されるという二次波及効果が8800万として算出している。結果
的に、総合効果として計8億2800万円の経済効果になるという。科学研究
費補助金等で獲得した競争的資金についても、経済効果を試算するために
県内と県外への支払い、国内と海外への旅費、謝金等に分類し、経済効果
を図るためのデータとして活用している（図表 3-19 参照）。

　本報告書では、国際教養大学は日本の高等教育機関においてグローバル
人材育成のための先駆的な役割を果たしており、他大学のモデルとなって
いるとことばを結んでいる。

　両大学の状況は、公立大学としてどのように地域経済に貢献しているの

かを数値で可視化する試みとして重要である。このように可視化した経済波及効果について、県民をはじめとするステークホルダーに周知することができれば、大学のブランド力の向上に有効に働き、学生募集力が強化される。それにともなって、優秀な学生が入学し、国際化・グローバル化された環境のなかで学び・研究することで、グローバル人材として社会に輩出されていくという好循環サイクルが生まれるはずである。

　また、科学研究費等補助金についても、可視化しており、研究力の強化もまた、地域への経済波及効果をもたらすことを明らかにしている点で、重要なデータである。大学が教育力を高め、優秀な人材を輩出することにより地域に貢献するということは一般的に理解しやすいが、国際化・グローバル化によって日本だけでなく、世界各国から優秀な研究者を獲得するなどして、より一層研究力を高めることも地域貢献につながることをこのデータは示している。

3　大学経営に必要な財務の視点

　日本の大学は、国公私立大学の設置形態によって依存度は異なるものの、その収入源の多くは国や県からの補助金という公的支出によるところが大きい。国立大学では、2004 年の法人化以降、その翌年から運営費交付金が効率化計数により毎年 1 % の削減が行われ、再配分されている。また、公立大学は、その収入を地方公共団体からの運営費交付金に頼っているが、地方財政が厳しいのは議論の余地を挟むところがなく、今後も安定的に収入が得られる保証はないであろう。私立大学も同様に、国からの経常費補助金によるところが大きいが、学生納付金収入が一般的に約 7 割程度を占めており、いかに受験生を集めてくるかは死活問題といえる。

　一般社団法人国立大学協会は、2015 年 8 月 6 日付で当時の文部科学大臣あてに「平成 28 年度国立大学関係予算の確保・充実について（要望）」を提出し、そのなかで、個別課題への対応として「大学の国際化とグローバル人材育成の推進」を掲げ、それぞれの国立大学の特色を活かした国際化

を推進していくための財政支援を要請している。また、「地域再生・活性化の中核的拠点としての大学の取組に対する支援の充実」をあげて、地域活性化のコアとして機能し、地域と世界をつなぐ機能が果たせるよう財政支援を求めている（一般社団法人国立大学協会 2015）。

次に、学校法人会計と企業会計とは異なることを踏まえておく必要がある。企業会計は、定められた期間における損益について株主や投資家、債権者に明らかにするものである。一方、学校法人会計は、学校法人が安定的かつ永続的に経営できるよう一定の収支均衡を目指している。直近では、社会・経済状況が大きく変化していること、会計についてもグローバル化が進んでいること、特に私立大学を取り巻く経営環境が厳しくなっていることなどから、社会に対してよりわかりやすくその収支状況を開示することを目的として、2013年4月22日文部科学省令第15号にて私立学校法のもとに定められている学校会計基準の一部改正が公布され、2015年4月から適用されている（文部科学省 2013a）。同省令に記載されている主な改正の概要は次のとおりである。

① 　**第14条の2第1項関係**…… 資金収支計算書について、新たに活動区分ごとの資金の流れがわかる「活動区分資金収支計算書」を作成すること。

② 　**第15条関係**…… 従前の「消費収支計算書」の名称を変更した「事業活動収支計算書」について、経常的および臨時的収支に区分して、それらの収支状況を把握できるようにすること。

③ 　**第16条第3項関係**…… 現行の基本金組入れ後の収支状況に加えて、基本金組入れ前の収支状況も表示すること。

④ 　**第32条関係**…… 貸借対照表について、「基本金の部」と「消費収支差額の部」を合わせて「純資産の部」とすること。

⑤ 　**第34条第7項関係**…… 第4号基本金について、その金額に相当する資金を年度末時点で有していない場合には、その旨と対応策を注記するものとすること。

⑥ 　**第1号様式関係**…… 第3号基本金について、対応する運用収入を「第3号基本金引当特定資産運用収入」として表示すること。

⑦　**第 7 号様式関係**…… 第 2 号基本金について、対応する資産を「第 2 号基本金引当特定資産」として表示すること。

⑧　**第 7 号様式関係**…… 固定資産の中科目として新たに「特定資産」を設けること。

⑨　**第 10 号様式第 1 の 1 および第 2 の 1 関係**…… 第 2 号基本金および第 3 号基本金について、組入れ計画が複数ある場合に、新たに集計表を作成するものとすること。

⑩　**改正前の第 21 条関係**……「消費支出準備金」を廃止すること。

　これらの大学会計の基本的考え方を踏まえたうえで、ここでは大学経営における財務の視点の重要性について考察していくことにしよう。財務の視点を踏まえずして、大学経営戦略は成り立たない。すべての大学経営戦略に財務の視点からの検討が必要であり、常に財務諸表を踏まえながら、有効な戦略を実施し、効果を検証していくことが求められている。

　第 3 節では財務の視点からもグローバル戦略を検討していく必要があるとの認識に加えて、企業や地方自治体、病院経営だけでなく、大学経営においてもバランス・スコアカード（Balanced Scorecard）[27]を用いることが有用であるとの認識から、大学におけるバランス・スコアカード導入の有用性や導入事例に関する先行研究について考察する。

　バランス・スコアカードは、1992 年にハーバードビジネススクールのロバート・キャプラン教授（Robert S. Kaplan）とコンサルティング会社のデビット・ノートン（David P. Norton）により開発された戦略マネジメントツールである。

　バランス・スコアカードは、企業経営、地方自治体や病院の経営、そして大学経営においても利用されている。それぞれの組織が掲げる将来における戦略的なビジョンを達成するために、戦略マップを作成していく。戦略マップは、基本的には、財務の視点、顧客の視点、業務プロセスの視点、成長と学習の視点（人材と変革の視点）の四つの視点ごとに、戦略目標を立てる。そして、それぞれの視点ごとに重要成功要因分析を行い、業績評価が適切に行えるよう業績評価指標である KPI（Key Performance Indicator）を設定する。そして、KPI ごとにターゲットとなる戦略目標を

達成するための数値目標を設定して、その数値目標を達成するための戦略プログラムもしくはアクションプランを策定してくこととなる。

その際、ビジョンから戦略目標、重要成功要因、業績評価指標、数値目標、戦略プログラム・アクションプランの間に適切な因果関係があるかどうかチェックしておく必要がある。バランス・スコアカードの優れているところは、経営者たちが戦略マップを通じて、戦略目標の全体像を鳥瞰・俯瞰し、視覚的あるいは可視化した戦略目標を達成するためのプロセスをマネジメントすることができるところにある。同時に可視化を図ることによって、組織の構成員一人ひとりが同じ戦略目標達成のための戦略プログラムやアクションプランの実行に尽力できる点にある（吉川 2007, pp. 23-36）。グローバルな経営が求められているなか、グローバル競争を勝ち抜くためには人材育成の視点が欠かせない。また、このマネジメントツールを機能させ、企業の競争戦略として組織を成功に導くためには、経営者から末端の一人ひとりの組織構成員に至るまで、ビジョンや戦略目標を共有し、コミュニケーションツールとして活用することが求められるのである。

財務の視点は、ビジョンの実現に向けて、財政的な安定基盤を確立するために重要な視点である。顧客の視点では、財務目標を達成するために、新規顧客獲得や市場占有率を上げるために、顧客満足度、新規顧客獲得率や顧客定着率、市場占有率などを設定していく。業務プロセスの視点では、財務目標および顧客満足度を高めていくために、製品の品質管理の向上や開発から質の高いサービスの提供が行えるよう、優れた業務プロセスを考えなければならない。成長と学習の視点（人材と変革の視点）は、優れた業務プロセスの構築や顧客満足度の向上および財務基盤の安定を図り、組織における人材育成や能力開発、また組織に変革を導くことができる能力を養成できるように、組織マネジメントを行うための視点である（吉川 2007, pp. 26-28）。

(1) 大学経営とバランス・スコアカード

櫻井（2008, pp. 11-13）は、バランス・スコアカードは、知的戦略の強

化に役立つと述べている。すなわち、企業価値を創造する最大の要因たる知的資産による価値創造プロセスを戦略的に表現することが可能で、検証が可能なビジネスシステムとしている。また、現代は有形資産ではなく、ブランドエクイティやカスタマーエクイティ、卓越した業務プロセス、従業員の卓越したスキルや創造力などの無形資産を活用した戦略マネジメントが必要な時代になっているとの認識を示している。

　大学はまさに知的資産を有した存在であり、その知的資産をいかに活用して戦略を構築していくかが、大学生き残りのための鍵となる。また、櫻井（2008）は、バランス・スコアカードを用いる理由として、伊藤（2002, pp. 119-125）の見解をもとに次の四つのメリットを述べている。

① 　短期的な業績向上のためだけではなく、将来の発展のために経営者を動機づけることができる。

② 　戦略マップ作成の過程でブランドなどの無形資産の構築に必要なコンセンサスとチームワークの醸成ができる。

③ 　経営者層から従業員に至るまで無形資産構築の方法論に共通の理解をもつことができる。

④ 　無形資産の構築にとって重要となるブランド戦略に継続性をもたせることができ、現場の発想による戦略の創発ができる。

　大学経営にこれら四つのメリットをあてはめて考えてみると、バランス・スコアカードが大学経営戦略のビジネスシステムとしてなぜ有効なのかが理解できる。櫻井（2008）の見解をもとに、その各メリットに対する大学の特徴をまとめると次のとおりとなる。

① 　高等教育機関である大学は、短期的にものごとをとらえるべきではなく、人材を育成するという使命を果たすために、常に中・長期的な視点に立って将来構想を考えるべき存在である。

② 　大学の組織文化は、その存立形態によって異なる場合もあるが、おおむねボトムアップの文化を有しており、コンセンサスを得ることが常に求められる組織である。

③ 　無形資産を構築し、活用していく方法論についても、大学構成員一人ひとりの共通理解を得て展開しないと、十分な効果が期待できない

　　ことが多い。

④　ブランド構築は大学にとってステークホルダーに選ばれる大学とし
　　て重要である。たとえば、就職に強いといったブランドを構築するこ
　　とは、大学ブランドの構築に大いに寄与する。また、学生を支援する
　　部局は、学生と直に接する現場であり、学生のニーズをもとにした創
　　発的な戦略構築が可能となる。

(2)　シナリオ・プランニングとバランス・スコアカード

　南雲（2014, pp. 15-25）は、戦略策定と戦略実行の関係を、川上と川下
の相互補完的な関係としてとらえ、シナリオ・プランニングを通じた戦略
策定とバランス・スコアカードを用いた戦略実行の統合方法を提示してい
る。戦略策定と戦略実行との間には、乖離が存在するとしており、その乖
離を埋めるものが、シナリオ・プランニングとバランス・スコアカードの
統合であるとしている。シナリオ・プランニングによる戦略策定は、一般
的に外部環境変化を重視し、将来は不確実性が高いということを前提に複
数のシナリオを想定する。そして、経営環境の変化が起きれば、あらかじ
め予測していたシナリオに基づいて、機動的かつ柔軟に中期経営計画や年
度予算を修正していく。一方、バランス・スコアカードによる戦略実行
は、戦略マップに示している価値創造の因果関係のみを戦略シナリオとし
ている場合が多い。定期的にモニタリングを行い、あらかじめ設定してお
いた KPI によって業績評価を行っていくため、当初計画の変更は容易で
はない。つまり、外部環境の変化に柔軟に対応できないという問題点があ
るとしている。そのため、不確定要素の高い現代にあって、外部環境の変
化のもつ問題点を補完するためにシナリオ・プランニングを用いて、バラ
ンス・スコアカードの短所が補完できるよう統合すべきであるとしてい
る。そして、これら二つのビジネスツールの統合に関して、独自の視点で
三つの先行研究の比較分析を行い、統合の方法を示している。

　具体的な手法として、バランス・スコアカードで一般的に用いられる内
部志向的な KPI に加えて、外部環境に関する KPI を導入する。このこと

によって、外部環境の変化に敏感になり機能的かつ柔軟な対応が可能となる。ただし、組織の業績評価は複雑さと煩雑さが増すという反作用も生じるとしている。そこで、外部環境変化に関する KPI は一定程度にとどめるべきとも主張している。そのため、シナリオ・プランニングは、それが有効である事業を特定して用いるべきであるとしている。

　確かに、すべての事業領域においてシナリオ・プランニングが有効に機能するとは考えにくい。内部環境の変化には大きな影響を受けるが、外部環境の変化には大きな影響を受けにくい事業や事業領域は存在する。たとえば、大学における学部教務課という組織を考えてみる。学部教育や所属学部生のサポートなどの教務事務を行う学部教務課は、内部環境であるカリキュラム改革が行われると、履修要綱の改訂や単位集計システムの変更など、その業務に大きな影響を受けるが、外部環境である為替市場や株式市場に大きな変化があったからといって、業務に大きな影響は受けない。

　したがって、まずシナリオ・プランニングが有効である事業を特定しなければならない。たとえば、大学の将来構想を構築する法人部局や中・長期の財務計画を構築する財務部局、国際・グローバル戦略を構築する国際関連部局などが想定できる。それらの事業では、シナリオ・プランニングを用いて、不確定な将来を予測し、シナリオを複数描いて、バランス・スコアカードを策定することによって、外部環境と内部環境のどちらに変化が生じたとしても、戦略を迅速かつ適切に変更することができる。そして、PDCA サイクルを回していくことができれば、経営戦略が機能し、戦略目標を達成することがより容易になると考えられる。

(3)　バランス・スコアカードを用いた大学経営

　大学においてバランス・スコアカードを用いた事例としては、九州大学がある。九州大学は、2004 年の国立法人化を機に民間的な経営手法としてバランス・スコアカードの導入を図り、将来構想としての第 2 期中期目標・中期計画（以下「第 2 期中期計画」という）の策定に活用している。当時九州大学の活性化・法人企画担当理事であった渡辺浩志氏（インタ

72

ビュー時の役職は公立大学法人福岡女子大学副理事長）と九州大学版バランス・スコアカードの検討に企画部課長補佐として参画していた江島定人氏（インタビュー時の役職は九州大学学務部部長）に対して2015年12月1日に行ったヒアリング内容をもとに、その取り組みを考察する。

九州大学におけるバランス・スコアカード導入の背景には、2004年国立法人化の際に、国立大学法人法に基づいて立てた第1期中期目標・中期計画（期間は、2004年4月～2010年3月。以下「第1期中期計画」という）について、その実際の運用にあたって解決すべき課題があった。その解決すべき問題とは、次の4点である。

① 九州大学の現状および外部環境変化に対する分析が十分ではない。
② 第1期中期計画は、総花的でビジョンと戦略性がない。
③ 第1期中期計画は、学内構成員に共有されていない。
④ 大学執行部と各部局との組織間連携が不足している。

すなわち、外部環境の変化についての分析と認識が不足しているなかで、第1期中期計画で解決すべき経営課題が執行部のみでの認識にとどまり、大学全体の部局および構成員に共有ができておらず、そのため個別部局の改革計画が十分ではなく、大学全体として危機意識が醸成されなかったという背景があったのである。

このような問題認識に基づいて、2004年4月以降、当時の梶山総長と渡辺理事の主導により、九州大学の活性化と改革を促進させるための取り組みとして、第1期中期計画とは別に将来構想が検討された。将来構想の目的は、先述した問題を解決すべく、第1期中期計画の可視化を図り、構成員全員が本計画を共有・理解し、目標を達成することである。その将来構想作成にあたって、バランス・スコアカードのフレームを活用し、独自の創意工夫を加えて、学内外に九州大学の戦略目標をわかりやすく明示することができるよう九州大学版のバランス・スコアカードの戦略マップとして「QUEST-MAP」[28]が作成された。

この将来構想は、2011年4月からの第2期中期計画の策定、個別部局の戦略目標策定に向けての準備の意味も込められていた。第2期中期計画の策定準備は、2007年10月から開始されたが、その際にはQUEST-MAP

が作成されることになった。将来構想を検討するにあたっては、客観的な
データと情報に基づいた分析を行ったうえで、合理性・戦略性のある内容
とすること、大学の組織文化であるボトムアップを重視しながら十分なコ
ミュニケーションによる共通理解を得ること、大学固有の価値観である
「自由、多様性、自治、自主自立」などを尊重すること、以上の三つの観点
を将来構想検討の要件としている。

　このような経緯を経て、作成された九州大学版バランス・スコアカード
の戦略マップである QUEST-MAP は、2007 年 5 月からその試行的運用が
開始され、九州大学の改革目標の見取り図として、学外に向けて発信され
るとともに、大学構成員である教職員の共通理解と改革のエンジンと共創
となる先駆的な試みであった。

　渡辺（2010）は、QUEST-MAP を通じた取り組みの成果を以下のよう
に総括している。第 1 期中期計画および第 2 期中期計画期間に、九州大学
全体の QUEST-MAP は作成したものの、総長交代もあって、その後の継
続的な活用には至っておらず当初の目標達成には至らなかった。ただし、
成果として、QUEST-MAP によって戦略的な考え方ができるようになっ
たことと、中期計画を共有することができたことが示されている。個別の
部局単位でみると、QUEST-MAP を活用した部局は、全 20 部局中 7 部局
にとどまったが、新たな専攻の設立や部門の再編成、部局構成員の満足度
調査の実施、部局をまたがった連携プロジェクトの始動などで成果が認め
られた。

　組織が掲げる中期計画目標と将来構想は本来一体であるべきである。し
かしながら、中期計画目標は学外に向けて説明責任と実現可能性を示さな
ければならない。QUEST-MAP による取り組みは、戦略目標を達成する
ために学内で情報を共有し、目標達成に向けた進捗指標と成果指標を明示
すべきものとして策定されていることから、両者の一体的な運用の難しさ
が残された課題となる。

　九州大学でのバランス・スコアカードを用いた QUEST-MAP の課題を
まとめると次の 2 点に集約される。第一は、大学全体の中期目標中期計画
を含めた将来構想計画が複数存在する場合、大学改革に向けた共通認識は

図表 3-20　九州大学版バランス・スコアカード QUEST-MAP（簡易版）

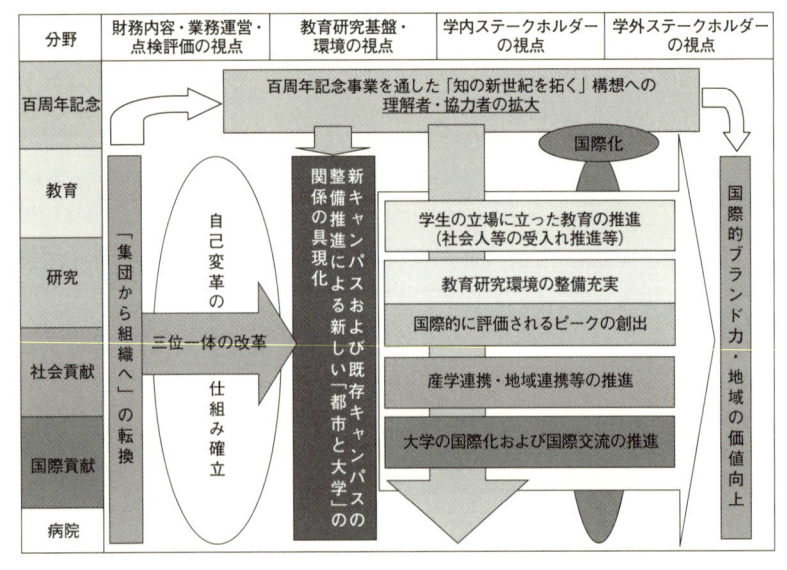

ミッション	秀でた基礎研究を基盤に、優れた人材の育成と新たな「知」の創造を通し、社会に貢献する
ビジョン	世界最高水準の教育研究拠点 ・研究では世界ランク 50 位以内の大学 ・教育の質を国際的に保証し、常に未来の教育課題に挑戦する大学

分野	財務内容・業務運営・点検評価の視点	教育研究基盤・環境の視点	学内ステークホルダーの視点	学外ステークホルダーの視点

百周年記念　教育　研究　社会貢献　国際貢献　病院

百周年記念事業を通した「知の新世紀を拓く」構想への理解者・協力者の拡大

国際化

「集団から組織へ」の転換

自己変革の仕組み確立

三位一体の改革

新キャンパスおよび既存キャンパスの関係の具現化による新しい「都市と大学」の整備推進

学生の立場に立った教育の推進（社会人等の受入れ推進等）

教育研究環境の整備充実

国際的に評価されるピークの創出

産学連携・地域連携等の推進

大学の国際化および国際交流の推進

国際的ブランド力・地域の価値向上

（出所）九州大学（2008a）

醸成されにくく、ややもすればバランス・スコアカードを作成することが屋上屋を重ねることになるのではということが危惧される。つまり、大学構成員にとっては、バランス・スコアカードの作成にあたって説明や理解が十分ではない場合、バランス・スコアカードの作成と将来構想計画の策定とが同じような取り組みと受け取られ負担感ばかりが先行して、作成することが目的となってしまい実効性をともなわないものとなってしまう可能性がある。第二に、九州大学のような大きな組織では、多数の部局が存在しており、大学全体の組織戦略目標と各部局の戦略目標との融合が難しい。大学の戦略目標は総花的かつ抽象的になりやすく、具体性・納得性を欠き、学外に向けては発信力を失う可能性がある。また、各部局の戦略目標と大学全体の戦略目標との因果関係を明確にする作業もまた難易度が高く、かなりの時間を要することが課題である。

注

1　明治大学、青山学院大学、立教大学、中央大学、法政大学の頭文字をとってグルーピングされた呼称である。

2　国際教養大学、会津大学、芝浦工業大学の各 2014 年度「スーパーグローバル大学創成支援」構想調書タイプ B に基づいて記載している（国際教養大学 2014, 会津大学 2014b, 芝浦工業大学 2014b）。

3　AO 入試とは、Admissions Office 入試の略で、大学の求める学生受入れの方針に定める学生を獲得するために、大学独自に行う入試方法である。

4　グローバル・セミナー入試とは、秋田県内の高校生を対象とした入試制度のことである。

5　本事業は、次代の経営人材・マネジメント人材を育成する専門的・実践的な教育プログラムを産業界と連携して開発する大学に対して、経済産業省が支援する「産学連携サービス経営人材育成事業」である（芝浦工業大学 2015.10.2）。

6　図表 3-1 から図表 3-17 までは、各大学の「スーパーグローバル大学創成支援」構想調書に記載されているデータに基づいて筆者が作成した（国際教養大学 2014, 会津大学 2014b, 芝浦工業大学 2014b）。

7　入学定員は、2014 年度の 1 学年あたりの定員である。

8　全学生数は、2014 年 5 月 1 日現在の数である。

9　ST 比とは、教員 1 人あたりの学生数。この値が小さければ、教育の質が高くなると一般的に考えられる。ここでは、分子に学部生数＋大学院生数、分母に教員数を算入して計算した。小数点第 2 位を四捨五入した。

10　SS 比とは、事務職員 1 人あたりの学生数。この値が小さければ、学生への支援が充実していると一般的に考えられる。ここでは、分子に学部生数＋大学院生数、分母に事務職員数を算入して計算した。小数点第 2 位を四捨五入した。

11　外国人教員数等は、外国籍教員、外国の大学で学位を取得した日本人教員、外国で通算 1 年以上 3 年未満の教育研究歴のある日本人教員、外国で通算 3 年以上の教育研究歴のある日本人教員の総和である。

12　外国人職員数等は、外国籍職員、外国の大学で学位を取得した日本人職員、外国で通算 1 年以上の職務・研修経験のある日本人職員の総和である。

13　海外留学経験者数は、単位取得をともなう海外留学を経験した日本人学生数のことで、学部と大学院を合わせた人数である。

14　全学生数（学部生数＋大学院生数）に対する割合を示している。

15　当初の構想調書では、7,080 人としていたが、2023 年の 1 年間に海外留学経験のある学生数を記載することから、2,700 人と現在修正されている。

16　大学間協定に基づく派遣日本人学生数は、単位取得をともなう学部・大学院生数、単位取得をともなわない学部・大学院生数の総和である。

17　大学間協定に基づく受入外国人留学生数は、単位取得をともなう学部・大学院生数、単位取得をともなわない学部・大学院生数の総和である。

18 学生交換協定は、受入外国人留学生数と派遣日本人学生数は同数での協定が一般的である。

19 全授業科目数に対する割合を示している。

20 全学位（学部＋大学院）に対する割合を示している（会津大学、芝浦工業大学も同様）。

21 学部の全卒業コース数に対する割合を示している（会津大学、芝浦工業大学も同様）。

22 大学院の全修了コース数に対する割合を示している（会津大学、芝浦工業大学も同様）。

23 全学生数（学部＋大学院）に対する割合を示している（会津大学、芝浦工業大学も同様）。

24 学部生数に対する割合を示している（会津大学、芝浦工業大学も同様）。

25 大学院生数に対する割合を示している（会津大学、芝浦工業大学も同様）。

26 『日経グローカル』は、日本経済新聞社と日本産業消費研究所が、グローバルと地域の視点から地域創造を目的として月2回発刊している専門誌である。

27 バランス・スコアカード（Balanced Scorecard）は、「バランスト・スコアカード」と表示される場合もあるが、本書では「バランス・スコアカード」で統一表記している。

28 QUEST-MAPとは、九州大学戦略マップを意味し、探求するための地図という意味をもつ。また、次の頭文字を組み合わせることによって、取り組みの基本的なスタンスをわかりやすく明示している。Q: Kyusyu, U: University, E: Empowered（一人ひとりが力を発揮できる）, S: Strategy（戦略性）, T: Team（組織）, M: Mission（使命）, A: Action（実行）, P: Passion（情熱）を意味している（九州大学 2008b）。

シナリオ・プランニングと
バランス・スコアカード

　第4章では、第3章における先行研究の分析とインタビュー調査を踏まえて、不確実性が増した社会のなかで、大学が適切な国際・グローバル戦略を構築・実行していくために、シナリオ・プランニングを用いた戦略案の策定を検討する。また、国際・グローバル戦略は、財政的に負担のかかる戦略であることから、財務の視点を有するバランス・スコアカードの策定についても検討を行う。そして、国際・グローバル戦略の実行が、結果として地域に大きな経済波及効果をもたらし、地域や地域企業が抱える諸課題の解決につながっていくことを確認する。

1　不確実性社会と大学の国際・グローバル戦略

(1) インタビュー調査からの将来予測

　不確実性が増した社会において、大学における国際・グローバル戦略を構築し着実に実施していくために、p. 8図表2-1で示した「インタビュー・ヒアリング調査一覧」に記載している人物にインタビューした内容結果に基づいて、10年後の将来を予測するためのキーワードやキーフレーズを整理したのが次の25項目である。

　インタビュー調査にあたっては、巻末参考資料の「大学のグローバル化・国際化に関するヒアリング内容」を使用した。

① 楽観的に将来を予測

———楽観的に将来を予測すると、世界はどのように変わっていると思われますか（その社会の姿を、どのような要因をベースにしてお考えになられたのでしょうか）。

さらにICTが発達して、よりICTを活用した社会になっている。MOT（MOT: Management of Technology の略、技術経営）やAI（AI: Artificial Intelligence の略、人工知能）などがその最たるものと考えられ、それらの技術の発達によって、いろいろなものの流動性が高まる。人の流動性、ものの流動性、教育の方法や場についても変化が生まれ、これまでになかった形態が生まれる可能性がある。

② 悲観的に将来を予測

———悲観的に将来を予測すると、世界はどのように変わっていると思われますか。

グローバル化が一層進めば、テロや国や地域における経済不況や経済政策といった地政学的なリスクやエボラ熱やデング熱などの感染症といった衛生的なリスクが高まる。たとえば、一つの国や地域で起こった事象が瞬く間に世界的に広がる。一方で、ヒト・モノ・カネ・情報といった資源の集中化によって、世界の経済をはじめ、政治的影響の度合いや産業がより効率性の高い方向に流れていく可能性が高い。その結果として、国家レベルでの経済格差、地域間格差や個人レベルでの所得格差など、いろいろなレベルでの格差が拡大する。

③ グローバル化した日本

———グローバル化した日本は、どのような社会になっていると思われますか。

われわれは、世界がすでにグローバル化していることを認識しなければならない。ICTの急速な発達と普及によってグローバル化した社会や経済がもたらす影響は、産業革命と同じくらい大きなインパクトがある。ICTの発達という情報の産業革命は、高等教育機関における教育・研究の分野

においても同様の大きなインパクトがあるはずである。高等教育機関は、すでにそのようなグローバル化した時代に現在あることを認識し、大学における教育・研究を中心としたグローバル化に対応しなければならない。

④　グローバル化しない日本
――　グローバル化しなければ、日本はどうなると思われますか。

日本はグローバル化しなければ、国際社会の競争から取り残されることになるだろう。そのような状況は、日本の大学にとっても同じ状況といえ、日本の大学が国際化・グローバル化しなければ競争力を失うことになるだろう。企業も地方自治体も、あるいは高等教育機関についてもいえることだが、あらゆる組織がグローバル化しなければ、競争力を失い、組織が弱体化し、ひいては日本という国そのものが国力を失うことになるだろう。言い換えれば、組織の内なる論理は通用しなくなり、組織が弱体化するということである。すなわち、われわれは世界に評価されるような組織文化を醸成していく必要がある。

⑤　市場環境（日本のマーケット、世界のマーケット）の変化
――　市場環境（日本のマーケット、世界のマーケット）はどのように変化していると思われますか。

情報化が進展した社会では、あらゆるもののコモディティ化が起こる。たとえば、中国を例にとってみると、他国から企業を誘致し、産業を勃興させ、雇用の機会を創出し、比較的安価な労働力を提供することによって、コストパフォーマンスを上げ、徐々に競争力を確保し、今では全世界に国家としての影響力を発揮するようにまでなっている。同じようなシナリオが、他の発展途上国にもあてはまる。つまり、マーケットがどんどん移動していく。人件費の高低と技術の発達に応じて、市場が変化し続ける。

⑥　10年後の未来の特徴
――　もし、あなたが10年後の未来を見通せるとしたら、その特徴をもっともよく表す二つか三つの事柄を挙げてください。

特徴的なキーワードとして次の事柄を挙げることができる。情報化の進展、流動性の増大、不確実性の増大、IoT（Internet of Things）の発達と普及、インドやアフリカ諸国の台頭、先進国と発展途上国の水準化の進行といったキーワードである。これらのキーワードは、いずれも ICT の発達と普及によってもたらされたグローバル化による現時点での象徴的な現象ともいえる。このような現象が、10 年後にはより大きなインパクトをもつ現象として現れ、社会的・経済的な変革をわれわれの世界にもたらしたり、われわれの生活様式までも変化させる可能性がある。

⑦ ステークホルダーが大学に求めるもの

——10 年後という将来を予測してください。ステークホルダーが大学に求めるものは、変わっているでしょうか。

今はグローバル化した社会であるが、この現象は一過性のものではないと考えるべきである。文明の変革期ともいえるもので、時代の大きな流れが変わっているともいえる。その変革期にある大学ではあるが、大学という存在は、30 年、40 年といった中・長期的なスパンでものごとを考えるべき存在である。すなわち、大学はステークホルダーが大学に求めるニーズについて、短期的にとらえるのではなく中・長期的に考えるべきである。言い換えれば、ステークホルダーが大学に求めるものもそう大きくは変わらないといえる。ただし、地方によって、あるいは短期的にはステークホルダーの求めるニーズも異なるので、それらには対応する必要はある。

⑧ 競合大学との関係

——大学がさまざまな意味でグローバル化していないと、競合大学との関係でどのようなことが起こると予測されますか。

各大学の目指す方向性によって変わってくる。現在大学を研究を中心に志向する大学、教育を中心に志向する大学、地域貢献を中心に志向する大学の三つのタイプに類型化する動きが加速化しているなか、それぞれの大学によって国際化・グローバル化による競合大学との差別化を図る戦略やその具体的なアクションプランも違ってくる。ただし、大学の担う大きな

使命である人材育成のために教育を提供するという観点では、産業革命期のように、時代の変化に機敏に対応した教育、つまり教学改革を行っていかなければ、時代に相応しい人材育成ができない。

　また、グローバル化した世界の大学と比べて、日本の大学がグローバル化しなければ、競争力を失い、研究力、教育力ともに低くなる。競争力が低下すると、優秀な教員を招聘する力や優秀な学生を世界から獲得してくる募集力が相対的に弱くなるという負の循環サイクルに陥ることになる。

⑨　私たちの一番のライバルと世界大学ランキング

　―― 私たちの一番のライバルはだれ（たとえば、現在の競合大学、新たな競合大学の出現、海外の大学、留学を斡旋する企業など）だと思われますか。

　研究大学であれば、世界の研究大学がライバルとなる。海外での研究分野における大学の評判が重要である。よい評判や名声がないと、優秀な外国人留学生や教員（研究のためも含む）を集めてくることができず、好循環サイクルを構築することができない。そのためにも Times Higher Education World University Rankings や QS World University Rankings などの世界的な大学ランキングは、その評価指標の良し悪しは別として、重要なランキングであることは間違いない。そういう意味では、それら指標に対応しているといえるアメリカやシンガポールなどの大学は今後もさらに競争力を増すと考える。つまり、生きるか死ぬかのレベルで、理屈なしに国家レベルで競争優位性を確保すべく取り組んでいる。

⑩　グローバル化の必要性

　―― どのような理由から、大学にはグローバル化・国際化が必要と思われますか。

　―― グローバル化は、競合大学との関係で、優位性、差異性を確保できると思われますか。

　繰り返しになるが、グローバル化しないと、研究・教育の両分野においても世界から遅れをとり、競争力を失うことになる。特に、海外の優秀な

研究中心の大学との競合において、自大学あるいは日本の大学における研究・教育力を維持・向上していくためには、海外から優秀な教員や学生を獲得し、研究力および教育力を向上させていくことが求められる。言い換えれば、教育・研究力の向上のためには、日本だけではなく海外からも優秀な外国人教員や外国人留学生の獲得が必要になる。

⑪　**大学経営戦略のなかでの国際・グローバル戦略の位置づけ**
　――　**大学経営戦略のなかで、グローバル・国際化戦略をどのように位置づけておられますか。**

国際化・グローバル化は最重要課題の一つであり、重要な戦略である。大学経営のなかでも上位に位置する大学経営戦略である。国際化・グローバル化を進めることで、文部科学省や経済産業省等の外部資金の獲得につながりやすくなる。そういった外部資金を獲得するためには、たとえば、外部資金獲得のための業務を専門とするスタッフを雇用するなどの方策を講じるべきである。

　大学が、研究や教育における競争力を確保・維持するためには、インフラの整備が重要なポイントとなる。特に、優秀な外国人教員を招聘するためには、研究設備や宿舎といったインフラの整備とともに、生活支援をはじめとしたソフト面でのサポート体制の構築が重要なポイントとなる。

⑫　**ガバナンス**
　――　**大学が着実にグローバル戦略を実行していくために、ガバナンスはどのようにあるべきであると考えますか。ガバナンスにどのようなことが求められますか。**

総長や学長といった大学トップのリーダーシップが求められる。大学トップがリーダーシップを発揮するだけで大学全体の国際化・グローバル化が進めばいいが、そう簡単には事は進まないのが現実である。最初は国際化・グローバル化を牽引する学部や部門、部局が必要になる。

　総長や学長といった大学トップが、国際化・グローバル化を進展させるためには、リーダーシップだけでなく、教員採用に関する人事権や予算配

分に関する権限が必要である。これまで日本の多くの大学では、学部自治が強かったが、その権限を学長に移すことが、今後大学経営上必要になる。ただし、しっかりとした学長であればよいが、そうでなければ権限の集中化はリスクを生じさせる可能性があることから、常にモニタリングするシステムが必要となる。アメリカの大学のように学長と理事の役割を分けるなどの措置が日本の大学にも求められている。

⑬　リーダーシップ

——学長のリーダーシップは、どのようにあるべきであるとお考えですか。あるいは、どのような場面でリーダーシップが必要であると思われますか。

学長には、リーダーシップを発揮するために、物事を俯瞰的にとらえ、全体の方向性を指し示す能力が求められる。大学においては、トップダウンだけではガバナンスが機能しにくい側面がある。シェアード・ガバナンスということばにあるように、トップのリーダーシップを機能させるためには、単にトップの権限を拡大するだけでなく、大学という特有の組織文化に合わせて、対話を重視する姿勢を常にもちかつ大局的な見地に立ちながら、トップダウンとボトムアップとのバランスを図っていくことがが重要である。

⑭　財政への影響

——大学の国際・グローバル戦略は、財政にどのような影響を与えると思われますか。

国際・グローバル戦略は、進めていくうえでその財政負担は大きいが、必要な投資と考えるべきである。投資した結果として、研究や教育において競争力が確保できることになる。国際化・グローバル化することで、海外から優秀な外国人教員が獲得できるようになれば、結果として科学研究費補助金などの外部資金を獲得することもできるようになる。外部資金には、3割の間接経費が含まれており、大学の財政にとってプラスとなり、グローバルマーケットで戦えることにもつながっていくという好循環サイ

クルを構築していくことになる。すなわち、投資に見合うだけの回収が可能となるということである。

　また、多様な国や地域から優秀な外国人留学生が集まれば、優秀な日本人学生を獲得することにつながるとともに、グローバルに活躍できる人材育成が可能となる。そして、結果として魅力ある大学、キャンパスを作ることになり、大学の学生募集力が強化されるという好循環サイクルが構築できるようになる。大学の財政が健全に運営されることが期待できるのである。

⑮　マーケットとしての外国人留学生

──外国人留学生は、マーケットとして今後有望な市場（海外市場、あるいは国内における日本語を学ぶ外国人留学生市場）になると思われますか。

　さまざまな国や地域から優秀な外国人留学生を獲得するためには、世界大学ランキングで高いランキングを獲得するなどして、世界的な大学として自身の大学をブランディングする必要がある。

　外国人留学生の獲得にあたっては、地域や国によってその募集戦略を変える必要がある。今は、奨学金を準備する必要があるなど投資ばかりでリターンがないような地域や国であっても、将来的には有望な市場になる可能性がある。つまり、そういう意味では、奨学金も先行投資の一つと考えることもできる。日本は、外国人留学生にとって魅力的な留学先であるといえる。

　たとえば、アメリカに留学して、アメリカの大学や大学院を卒業・修了したとしても、ワークスビザを取得できるのは、外国人留学生の1割である。ハーバード大学やマサチューセッツ工科大学であっても、米国での就職は厳しい状況である。一方、日本は、世界的に競争力のあるグローバル企業が多く、そういった企業へ就職の可能性は高い。また、中国と比べても、日本の学費は安く、留学しても同額ぐらいなので、マーケットとして日本は魅力がある。

⑯　大学の位置づけとマーケティング

――― どのように大学を位置づけ、マーケティングを行っていますか。[2]

　研究を強く志向する日本の大学は、ワールドクラスの研究大学として、アジアを重点地域として位置づけるべきである。その戦略の一つとして、タイ、ベトナム、インドネシアなどの ASEAN 諸国から優秀な外国人留学生を獲得していくべきである。優秀な外国人留学生を獲得するためには、学部の段階から、奨学金を支給するなどしてリクルーティングに注力することが必要である。また、優秀な外国人教員を獲得するためには、外国人教員が研究に集中できるような施設の準備といった環境を整備しなければならない。また。日常生活に対するインフラやソフト面でのサポート体制が整備されていることが重要である。

⑰　地政学的リスク

――― 中国や韓国など、日本と特定の国との関係が今より悪化した場合、当該国との国際交流をどのように考えるべきですか。

　研究や教育における国際交流については、政治や経済とは異なるものとしてとらえるべきである。短期的なスタンスで研究や教育における国際交流を考えるべきではなく、長期的なスタンスで双方向の交流を考えるべきである。もちろん、短期的には国家間の関係が、学生が交流を志望する国や地域といった留学動向に与える影響は大きいと考えられるが、ビジネスや政治と教育とは基本的には別物であるという認識のもと、たとえ国家間の関係が経済的・政治的に何かしらの問題が生じたとしても、中・長期的なスタンスにたって柔軟に国際交流を継続して行うべきである。

⑱　クォーター制[3]

――― グローバル化の促進に、クォーター制は有効と思われますか。あるいは、どのようなアカデミック・カレンダーが有効と思われますか。

――― 貴学にとってのクォーター制のメリットとデメリットをお聞かせください。

　大学のアカデミック・カレンダーは、地域や国によって異なること

ら、短期留学のアクセス性を高めるためにクォーター制といったアカデミック・カレンダーは有効ではあるが、集中的な学修による教育効果の向上を一番のメリットとして考えるべきである。特に、授業を連続して行うことができることで、アクティブ・ラーニングが促進される。

　また、情報系の授業では、集中して授業を行うことが有効な場合が多い。たとえば、プログラミングの授業ではかなり有効である。一方で、デメリットして負担感を感じる教員が多いと思われることが挙げられる。年間やセメスター単位では、同じコマ数・時間数であっても、連続して授業を行うとなると、その授業に向けた準備や授業時間が長くなることにともなう実質的な疲労度も含めて、大きな負担と感じる教員もなかには出てくるだろう。

⑲　国立大学の将来ビジョンに関するアクションプラン

　──国立大学協会が「国立大学の将来ビジョンに関するアクションプラン」をまとめましたが、同アクションプランにある「グローカル化」について、その必要性等についてのお考えをお聞かせください。

　情報化した社会のなかであっても、グローカル化ということは同時に考えなければならない重要な概念である。特に地方に位置する大学は、その地域の経済や産業発展のために中心的な役割を果たしている。地方の企業にとっても取引先が海外のグローバル企業であったり、海外に自身の工場や支店を展開しているケースも多く、いわゆるグローバル人材を求めている。もちろん、地方にある大学は、地方における学術の拠点でもある。これ以上、地域社会格差が拡大することは好ましくない。地方にある大学が地域貢献型の大学であるかどうかにかかわらず、研究型大学、教育型大学であったとしても、グローバル化と同時に地域貢献も合わせて考えなければならない。

⑳　イノベーターとしての条件

　──高等教育界に求められているイノベーターとしての条件とはどのようなものとお考えですか。

　イノベーターに求められる条件は、高等教育界であっても企業社会であってもまったく同じであると考えるべきである。イノベーターには、改革への強い意思と改革を実行する力が必要である。改革の方向性を見いだし、改革に向けて強いリーダーシップをもって取り組み、確実に実行していく力が求められるのである。これらの力は、どのような社会や産業、職種においても転用可能な汎用性を有する能力であり、高等教育界であっても、企業社会であっても同じようにイノベーターには求められている条件ともいえる汎用性のある能力である。高等教育界を特別な世界としてとらえるのではなく、どのような世界であってもイノベーターに求められる能力は同じであると考えるべきである。

㉑　財政基盤
　―― グローバル化を進めるにあたって、「スーパーグローバル大学創成支援」事業で獲得した外部資金以外に、新たな財源の確保は進んでいますか。

　スーパーグローバル大学にかかる補助金は、2020 年度までと補助期間が限られている。そして、年度が進行するにつれて予算額が漸減する可能性がある。それゆえ、新たな財源確保を鋭意検討する必要がある。たとえば、複数の企業や特定の産業界からのファンドを寄付してもらう。そのかわりに大学は、必要とされる人材を輩出するなど、産学連携を強め企業や産業にとってメリットを提供するなどして、Win-Win の関係を構築すべきである。あるいは、複数の大学がコンソーシアムを組んで、複数の企業と提携し、先述したような Win-Win の関係を構築することにより、ファンドを獲得していくことも考えられる。また、特定の企業や個人からの奨学金の寄付を受け、その運用果実で奨学金を受け入れる外国人留学生、派遣する日本人学生に支給するなどの方策が考えられる。また、限られた予算のなかで、配分をどのように行っていくかも財務面からみた戦略である。

㉒　グローバル化の阻害要因
　―― グローバル化が進まない大学がありますが、どのようなことが阻

害要因として考えられますか。

　⑦から⑰は阻害要因であり、⑯から⑯は阻害要因の解消へ向けた示唆である。

阻害要因⑦……　国や地域等からの財政的な支援がない。

阻害要因⑦……　グローバル化を促進するために、ハード面を整備したり、ソフト面を充実したりするためには初期投資が必要になるが、その効果、つまり目に見えたリターンがすぐにはない。

阻害要因⑰……　海外留学プログラムを作る努力が足りない。プログラムを作成するにあたっては、教員の相当な努力が必要になる。

阻害要因⑰……　受入外国人留学生・派遣日本人学生に対する奨学金などの財政的支援がない。

阻害要因⑦……　教員が既得権を主張する。

阻害要因⑰……　人間は安楽に暮らしたいと願うものである（テニュアの取得や年俸制の仕組みが機能することを望んでいる）。

阻害要因解消のための示唆⑯……　学長への権限強化によるリーダーシップの発揮など、ガバナンスが機能すれば、阻害要因を排除することが可能になる。

阻害要因解消のための示唆⑰……　経営が行き詰まってからグローバル化しても遅く、今まだグローバル化に取り組んでいないのならば早急に取り組む必要がある。

阻害要因解消のための示唆⑰……　グローバル化に向けて、何かインセンティブをそれぞれの大学に働かせる必要がある。

㉓　グローバルな時代にあるべき大学教育

　── グローバルな時代の大学教育とは、どのような教育であるべきと考えますか。

　多様性、異文化理解力、仲介力、コミュニケーション力、リーダーシップ、専門性を育む教育が必要である。また、グローバルイシューを解決することができる能力や時代にあった情報リテラシーが求められている。さらに、グローバル化に対応した教養教育がとても必要である。これらの能

力や知識は、グローバルに活躍する人材に求められているものであり、それらの能力を養成し、知識を学生が獲得できるよう、カリキュラムを改革・編成しなければならない。言い換えれば、時代の流れに敏感になり、時代の要請に応じた人材育成が可能となるよう、大学教育も時代のニーズに合わせて変革し続けなければならない。

㉔　地域社会への貢献

── 地域社会への貢献度について、経済波及効果をどのようにとらえられていますか。

　IT業界においては、地元企業で役立つモノは、同時に世界でも通用するモノである。インターネットをはじめとするICTの急速な発達によって、グローバル化した社会では地方や都市といった地域性がもつ距離感や時差といったことがもはや関係のない世界であるといえる。地域に貢献することは、グローバルに貢献することである。また、大学がさまざまな面で国際化・グローバル化することで、地域に大きな経済波及効果をもたらす。たとえば、優秀な外国人留学生を獲得するために必須の要件である外国人留学生寮の建設は、地域に設備投資のための資金をもたらし、そこに新たな雇用を生み出すことになる。また、留学生寮を運営していくために必要となる新たな雇用を創出することになる。

㉕　海外拠点

── 海外拠点の実質化（常勤スタッフの配置等）は、費用対効果の面でいかがでしょうか。オフィスの賃借料はどの程度コスト負担をされているのでしょうか。

　海外拠点における常勤のスタッフの配置や海外拠点となる事務所の賃借料などは、経常的に必要となるかなり負担の大きなランニングコストとなる。海外拠点は、いかに経常的に運用していくうえでのコストを抑え、コストパフォーマンスをいかに向上させるのかがポイントである。しかしながら、現時点では多くの海外拠点がコストに見合うだけのパフォーマンス、すなわちコストパフォーマンスが十分に発揮できているとはいえな

い。海外拠点が、実質的にマーケティングやリクルーティングの拠点として有効に機能しているとは現時点では言い難い状況である。経常的な経費のなかには、人件費や賃借料、プログラム運営費などの必要不可欠な運用コストが常に必要となる。

インタビューから得た知見

　まず、現代社会は、ICT の発展によりすでにグローバル化した社会であるということを認識しなければならない。ところが、日本の多くの大学教員は、国際化・グローバル化の必要性について総論では賛成するものの、具体的な方策の構築や実行については、学問領域との関連性や自己の負担を考え反対することが多い。とはいえ、世界では急速に、研究者や学生の流動性が高まっており、研究力の高い大学が競争優位を確保すべくさまざまに取り組んでいる。各国のトップレベルの研究大学が、世界の大学ランキングにおける高いポジションを獲得しようと取り組んでいるのは、その証左である。

　日本の大学は、国際化・グローバル化に向けた取り組みを強化・推進しなければ、研究力、教育力ともに低下し、競争力を失ってしまう。総長や学長をはじめとするトップのリーダーシップが発揮できるよう仕組みをつくり、大学経営戦略のなかでも国際・グローバル戦略を重要な戦略として位置づけて強化・推進していくべきである。ただし、現代社会は、不確実性の増した社会である。そういった社会であることを認識したうえで、迅速かつ適切にリスクマネジメントを行いながら、グローバル化した社会に対応するために必要となる国際・グローバル戦略を行っていくことが求められている。

　また、国際・グローバル戦略を実行していくにあたっては、財政負担が大きいが、競争力を確保するために必要な投資と考えるべきである。国際・グローバル戦略によって、優秀な教員を獲得し、研究力をはじめとする競争力を確保することで、外部資金の獲得につなげるといった財政基盤の安定化を同時に図れるよう好循環サイクルを構築しなければならない。さらに、ICT 技術の発達による教育への影響についても注視して対応しつ

つ、グローバル化した時代に求められる人材を育成・輩出していくために、グローバル化した社会に対応できる知識や能力を学生が獲得できるよう、教学改革に取り組む必要がある。

(2) シナリオ・プランニングの試行

第2章で行った外部環境分析および (1) のインタビュー調査結果を踏まえて、10年後の将来を予測して、ここではシナリオ・プランニングを試行してみることとする。なお、試行にあたっては、Woody Wade (2012, 邦訳書 2013, pp. 41-63) を参考とした。

① 課題の設定

大学が淘汰される時代にあって、大学が生き残りをかけて、その存在意義を発揮し、その使命である建学の精神や教育理念に掲げる人材を育成・輩出し、地域に貢献していくために、10年後までを予測した将来のなかで「国際・グローバル戦略が大学経営戦略にとって、有効な戦略であるかどうか」ということを課題として設定する。

② 情報の収集

まず、競合分析が必要である。ベンチマーキングすべき競合について、SWOT分析を用いるなどして強みと弱みについて分析していく。本書では、PEST分析のフレームワークを使い、Opportunity（機会）と Threat（脅威）の外部環境を分析している。そして、欧州やアジアにおける留学生政策や動向をみると、優秀な外国人留学生の獲得や日本人の海外留学派遣先として有望な海外マーケットであるとの観点から、海外の大学を競合的な分析対象としてとらえている。また、国内マーケットでは、たとえば、地方にある公立大学において競合となる大学を考えてみると、競合相手は近隣の地方国公立大学や地方私立大学、その他にもほぼ同じ偏差値帯の関東圏もしくは関西圏の私立大学などが挙げられる。それぞれの大学が競争優位を確保できる要素としては、学部構成、交通利便性、就職状況[4]、国際

化・グローバル化度[5]などが考えられる。

　そこで、将来予測に関して、知識や知見が豊富である人物にインタビューを行い、国際化・グローバル化に関する将来予測を行うことが必要となる。ただし、この工程については、すでにスーパーグローバル大学採択校および関西圏における地方大学における理事長兼学長といった大学経営トップ層もしくは国際交流担当キーパーソンに直接インタビューを実施している（第4章1(1)）。

③　未来を動かす「ドライビング・フォース（環境変化要因）」の特定

　ドライビング・フォースを検討するにあたっては PEST 分析が有効である。「第2章　高等教育を取り巻く外部環境」において PEST 分析を行った結果、四つのカテゴリーである Politics（政治的要因）、Economy（経済的要因）、Society（社会的要因）、Technology（技術的要因）ごとに、国際・グローバル戦略にとって影響の大きいと考えられるドライビング・フォースを抽出すると以下のとおりとなる。

Politics（政治的要因）…… ASEAN（東南アジア諸国連合）共同体（外務省 2015a)[6] の発足、TPP と農業、地方創生に関する政策、まち・ひと・しごと創生総合戦略、テロ、欧州への難民流入、COP21（国連気候変動枠組条約第 21 回締約国会議）。

Economy（経済的要因）…… 中国経済の減速、中国の通貨政策、欧州財政、為替相場（円安・円高）、米国景気動向、米国連邦準備制度理事会や欧州中央銀行の動向、アジアにおける日本企業の産学連携、航空運賃の競争激化（LCC の台頭）、原油安、新興国の台頭。

Society（社会的要因）…… 18 歳人口の減少、日本および世界各国の大学進学率、労働力人口、出生率、高齢社会、人口の東京一極集中、入学定員の厳格化、留学生 30 万人計画、「スーパーグローバル大学創成支援」事業、若手や女性研究者の数、地方創生に関係する新学部開設、多様な人材確保のための入試制度改革、世界大学ランキング、感染症（エボラ出血熱、デング熱、MERS（マーズ：中東呼吸器症候群）など）、欧州高等教育圏、エラスムス計画、AUN、UMAP、東南アジ

ア各国の留学生政策。

Technology（技術的要因）…… ICT、IoT、SNS（ソーシャル・ネットワークワーキング・サービス）、インダストリー・インターネット、インダストリー 4.0、クラウド、生産革命につながるイノベーション、MOOCs、JMOOC。

④　未来を分岐する要因抽出

不確実性の高い社会のなかで、国際・グローバル戦略の分岐点となるような要因を抽出することが重要である。未来を分岐するような要因とは、予測がつきにくい出来事であるが、仮にそのような事象が生じた場合は、大きな影響を受ける要因のことである。四つのカテゴリーで分析した結果を踏まえて、未来を左右する要因を抽出するために、ここでは図表 4-1 を作成した。

なお、不確かさの要因については、縦軸に潜在的な影響の大きさをとり、横軸を不確かさとして、まず大学に直接的な影響を与える度合いに

図表 4-1　国際・グローバル戦略に影響を与える未来の要因

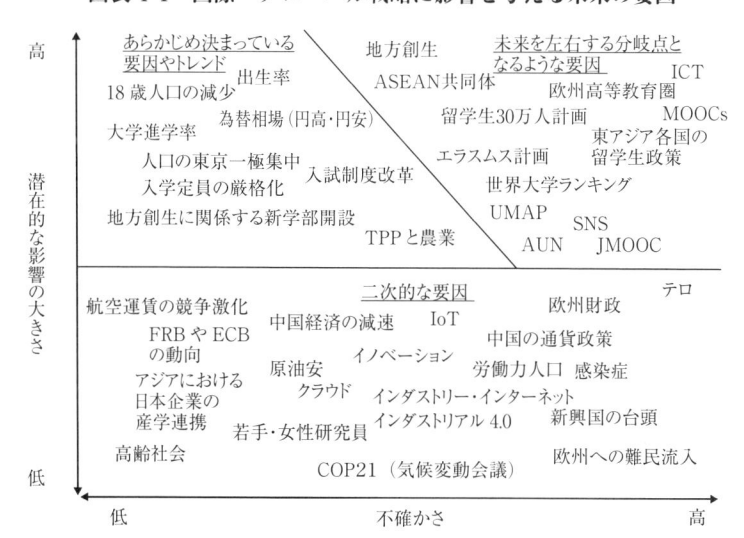

（出所）Woody Wade（2012），邦訳書 2013, pp. 50-51 を参考として筆者作成

よって、一次的な要因と二次的な要因に分類した。そのうえで、一次的な要因については、さらに「あらかじめ決まっている要因やトレンド」と「未来を左右する分岐点となるような要因」とに分類を行い、プロットを行った。

次に、それぞれの象限のなかで、潜在的な影響の大きさの高低と不確かさの高低によって、二つに分類を行った。結果として、六つの分類を行うことなる。それら六つの分類をそれぞれ A から F と名づけた。

A …… 二次的な要因のなかで、不確かさと潜在的な影響の大きさともに比較的低いまとまりである。

B …… 二次的な要因のなかで、不確かさは高いが潜在的な影響の大きさは低いまとまりである。

C …… 一次的な要因・あらかじめ決まっている要因やトレンドのなかで、不確かさがと潜在的な影響の大きさともに比較的低いまとまりである。

D …… 一次的な要因・あらかじめ決まっている要因やトレンドのなかで、不確かさは低いが、潜在的な影響の大きさが高いまとまりである。

図表 4-2　国際・グローバル戦略に影響を与える未来の要因

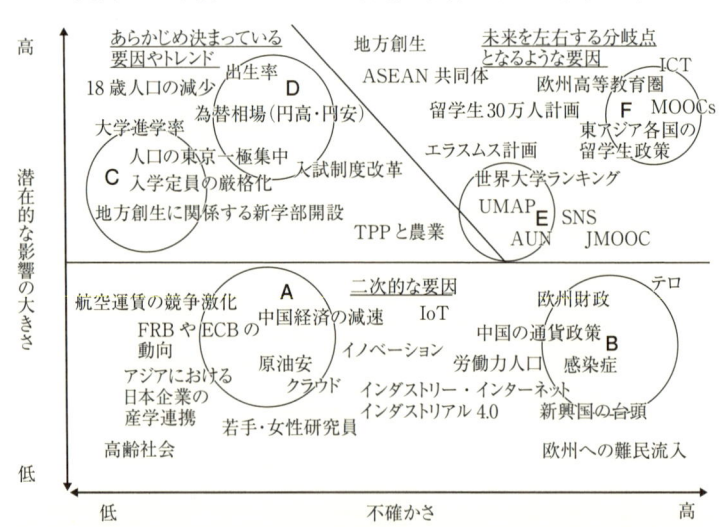

（出所）Woody Wade（2012），邦訳書 2013, pp. 50-51 を参考として筆者作成

E …… 一次的な要因・未来を左右する分岐点となるような要因のなか
　　で、不確かさは高いが、潜在的な影響の大きさは比較的低いまとまり
　　である。
F …… 一次的な要因・未来を左右する分岐点となるような要因のなか
　　で、不確かさと潜在的な影響の大きさが最も高いまとまりである。

　AからFの六つに分類を行った結果、国際・グローバル戦略を実行して
いくにあたって、未来を予測するために、よりインパクトや影響が大きい
と考えられるEとFを重要な要因とした。続いて、シナリオをプランニン
グするため図表4-3を作成する。まず、国際・グローバル戦略を構築して
いくにあたっては、海外マーケットを主要なマーケットとしてとらえるこ
とが重要であること、その一方で、国際・グローバル戦略と地方創生戦略
とは同時並行的に進めていくことが重要となるとの観点から、主要マー
ケットを横軸に選んだ。縦軸については、ICT技術の進展によりグローバ
ル化が急速に進んだことによって、教育手法と場との関係について、大学
教育に大きなインパクトを与え、国際・グローバル戦略にとっても大きな
インパクトと影響を与える可能性が高いとの観点から、教育手法と場との
関係を選択した。教育の場におけるICTについては、ハードとソフトの
両面があるが、本項ではコンピュータやインターネット環境、MOOCsや
JMOOCといったプラットフォームの整備状況の進展がもたらす教育手法
の変化とそれにともなう教育の場への影響に焦点をあてている。そして、
縦軸と横軸に区分された4象限について、それぞれシナリオ1からシナリ
オ4と名づけた。

⑤　シナリオの検討とストーリー化（策定）
　シナリオ1からシナリオ4を検討していくにあたっては、国際・グロー
バル戦略の実現性に配慮しながら、上記の重要な分岐点となる要因分析を
考慮する。そして、図表4-2のBに分類した不確実性要素であるテロ、欧
州財政、中国の通貨政策といった地政学的なリスクや感染症によるパンデ
ミックな状態が生じたケースなどの衛生的リスクを中心にさまざまなリス

図表 4-3　4 象限に分類したシナリオ

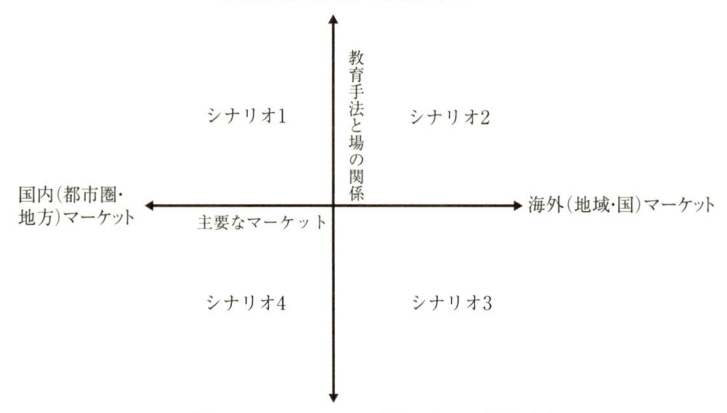

ICTを活用した新たな教育手法

教育手法と場の関係

国内(都市圏・地方)マーケット　　主要なマーケット　　海外(地域・国)マーケット

シナリオ1　　シナリオ2

シナリオ4　　シナリオ3

従来からのキャンパスを中心とした教育手法

（出所）Woody Wade（2012），邦訳書 2013, pp. 54-55 を参考として筆者作成

クが生じる可能性を踏まえながら検討していく必要がある。それぞれのシナリオについて、これまで行ってきた分析をもとにしながら、さまざまな角度からストーリー化を図り、より具体的なシナリオを策定したものが、以下のシナリオ1からシナリオ4である。なお、シナリオ策定にあたっては、地方に位置する大学を想定して行った。

シナリオ 1

　シナリオ1は、地方にある大学が、主要なマーケットを国内市場として考え、ICT 技術による新たな教育手法を取り入れながら、国際・グローバル戦略を展開していくシナリオである。以下は、地方大学を主語にしてシナリオのストーリー化を図っている。

　本大学は、地方に位置している大学である。主要なマーケットとしてこれまで地域内の高校を主なターゲットとしてマーケティングを行ってきた結果、県内からの進学率は 80％にも及んでいる。現在、県内の人口減少に歯止めがかからない状況が進んでおり、受験者数が年々減少している危機的状況にある。そういった状況を打破し、大学間競争に打ち勝って生き

残っていくためには、県外からの受験生を惹きつける魅力ある何かが必要である。本学は、コンピュータ関連に従来から強く、ICT環境も最新の設備を整備している。この強みを活かした魅力あるカリキュラムを構築していく予定である、一方、地方にある大学といえども、グローバル化の波を避けて通ることはできないが、海外マーケットを積極的に開拓していくために必要となるヒト・モノ・カネ・情報のすべてを十分に揃えることは難しい。そういった状況ではあるが、地方創生の核となる大学として、地域経済活性化の源となる人材の育成と輩出は、本学の使命であり、かつ生命線であると考えている。

シナリオ2

シナリオ2は、地方にある大学が、主要なマーケットを海外（地域・国）市場として考え、ICT技術による新たな教育手法を取り入れながら、国際・グローバル戦略を展開していくシナリオである。

本大学は、地方に位置している大学であるが、重要な大学経営戦略としてグローバル化を掲げている。地方にある大学として、地方創生に向けて産業振興を図っていく必要があることから、高度職業人育成、グローバル人材育成を行っていきたい。そのためには、欧米だけでなくアジア地域の国々から1人でも多くの留学生を獲得するとともに、すべての日本人学生に海外留学を義務づけたい。

また、ICT技術の進歩は目覚ましく、教育のあり方そのものを変えていくツールが開発されるかもしれない。ICTやその進歩にともなうネットワークを活用したシステムなどを常に積極的に活用し、アクティブ・ラーニングを取り入れ、時代に合ったカリキュラムを展開していきたい。ただし、これらの政策を展開していくためには、今後新たな財源と人的資源を確保していく必要があると認識している。また同時に、海外マーケットの新たな開発と展開、日本人学生の送り出しを行っていくことで、リスクも同時に大きくなる。どのようにリスクをマネジメントするシステムを構築すべきかについても併せて検討していかなければならないと考えている。

シナリオ3

シナリオ3は、地方にある大学が、主要なマーケットを海外（地域・国）市場として考え、従来からの教育手法を重視し、オンキャンパスを中心に、国際・グローバル戦略を展開していくシナリオである。

本大学は、地方に位置している大学である。県内の人口減少傾向はこの先も続くものとみられることから、海外からの留学生を多く集め、魅力あるキャンパスづくりをしたいと考えている。しかし、これまで国際化やグローバル化に積極的に取り組んでこなかったため、国際化・グローバル化を推進していくためのノウハウも人的資源もない。

しかし、地域からはグローバル人材を求める声が日に日に増しており、何とか対応していかないといけない。外国人留学生を受け入れることによって、日本人学生に異文化理解や多様な価値観を受容する力を身につけさせたい。現時点で外国人留学生はほとんどいないことから、留学生のための寮も整備できていない。ICTについては、重要な技術として重視しなければならないことは理解しているが、ICTを用いなくてもアクティブ・ラーニングは実施していくことができる。最先端技術にばかり気をとらわれていては、教育の本質を見失ってしまう可能性があると考えている。

シナリオ4

シナリオ4は、地方にある大学が、主要なマーケットを国内市場として考え、従来からの教育手法を重視し、オンキャンパスを中心に、国際・グローバル戦略を展開していくシナリオである。

本大学は、地方に位置している大学である。その使命は、地域に貢献できる人材育成だと認識している。社会がグローバル化しており、大学に国際化やグローバル化が求められているというが、果たしてそうであろうか。グローバル人材とはいかなる人材であるのかさえ、その定義は千差万別である。日本人学生を海外に留学させれば、すべての学生がチャレンジ精神やどんな困難にあってもそれを乗り越える力を身につけることができるわけではない。そのような能力は、日本にいても十分養成することができるはずである。

　ICTについては、今後さらに発展していくことは認識しているが、教育の現場での活用には疑問が残る。ICTが進展している世界だからこそ、face to faceで顔の見える距離や雰囲気での教育がより重要になってくるはずである。県内人口が減少し、受験者数の減少に歯止めがかからないことは認識している。今後は、地域にある企業や行政と産学連携あるいは産官学連携を一層進めて、地域のニーズに根差した特色あるプログラムを展開していくことにより、魅力ある大学を構築していきたいと考えている。

⑥　シナリオに基づいた戦略案の策定

　地方に位置する大学を想定して、シナリオ1から4を策定してきた。次に最も重要な作業として、それぞれのシナリオごとに対応する戦略案およびすべてのシナリオに共通する戦略案を策定することになる。戦略案の策定にあたっては、より具体的な将来予測に基づく未来環境や上述のシナリオ・ストーリーを念頭に置いて、どのような戦略を策定していくべきなのかということを検討しなければならない。ここでは、メインとなるシナリオをシナリオ2として、そのシナリオに対応する戦略案について検討を行っている。そして、シナリオ2に対応する戦略案について、カリキュラム関連、人材関連、財源確保関連、リスクマネジメント関連の四つの観点から具体的なアクションプランを列挙している。

カリキュラム関連

　国際・グローバル戦略の中心となるのがカリキュラムの国際化・グローバル化である。カリキュラムにおける戦略案を整理すると以下のとおりとなる。
　①入学後2年以内に2週間以上の海外留学を必修化する。
　②主にグローバル展開している地域企業へのインターンシップを必修化する（海外インターンシップを含む）。
　③海外留学期間を確保できるようクォーター制を導入する。
　④英語で学位取得が可能なプログラムを構築する。
　⑤多様な短期・長期海外研修プログラムを構築する。

⑥地域や国間の単位互換性に配慮したフレームワークを念頭に留学生受入れプログラムを構築する。

人材関連

　国際化・グローバル化を推進する担い手である教員および事務職員には、高度な外国語運用能力が求められる。また、教員には研究力・教育力が必要であり、事務職員にはマネジメント能力が求められる。そのような高度な人的資源を確保・育成するための戦略案は次のとおりである。

①外国人専任教員を積極的に採用する。

②専任教員の採用にあたっては国際公募を行う。

③大学経営・行政に教員の専門性が活かせるよう教員評価システムを構築する。

④外国語運用能力の高い事務職員を採用する。

⑤スタッフ・ディベロップメントとして MBA 取得を推奨・支援する。

⑥事務職員の大学経営エグゼクティブを増やす。

財源確保関連

　国際化・グローバル化を推進していくためには、安定した財源の確保が必須である。学生納付金収入以外にも、安定的な収入を確保するために必要となる戦略案は次のとおりである。

①新たな財源確保方策として、事業会社を立ち上げる。

②地域企業への優秀な人材輩出を基本とした、地域企業との連携強化（製品開発協力や複数大学のコンソーシアム化による企業との連携等）による寄付金を募る。

③科学研究費補助金への申請をノルマ化し、採択者へのインセンティブを検討する。

④競争的資金獲得のための専門のサポートスタッフを充実する。

⑤新たな収入源として、外国人留学生受入れプログラムを開発し、広報に注力する。

リスクマネジメント関連

　国際・グローバル戦略は、常にさまざまなリスクと隣り合わせであることから、リスクマネジメントは必須の戦略である。リスクマネジメントにおける戦略案は次のとおりである。

　①海外協定校・提携校を新たに開拓する。開拓にあたっては、リスク分散の観点から、特定の地域や国に集中して開拓するのではなく、分散化を図る。

　②大学経営層を中心とした海外リスクマネジメント体制を確立する。

　なお、上記戦略案のなかにおいて、カリキュラム関連の①・⑤・⑥、人材関連の①・③・⑥、財源確保関連の③、リスクマネジメント関連の①・②を合わせた九つの戦略案については、いずれのシナリオにも共通の戦略案として展開すべきであると考える。その理由は、どのような環境下においても、国際化・グローバル化を避けて通ることはできないということ、大学経営を戦略的に行っていくためには、教員・事務職員ともに経営能力の強化が必要であること、新たな財源を確保しなければ国際・グローバル戦略をはじめとする種々の戦略は実行困難になることから、いずれのシナリオにとっても必要となる共通の戦略案とした。

　グローバル化した現代社会は、ある国や地域で起きた事象が瞬く間に世界に広がるといった予測困難な不確実性に満ちた社会でもある。それゆえ、大学が国際・グローバル戦略を構築する際には、将来を予測したシナリオを複数用意して、あるリスクや変化が生じたときに最適の対応ができるよう、あるいは最大の効果が発揮できるようにしておかなければならない。

　シナリオ・プランニングは、外部環境を詳細に分析し、大学に大きな影響を及ぼす要因を抽出することによって、時代の変化に応じた国際・グローバル戦略のシナリオを描くことができる思考ツールであり、大学経営戦略を検討するにあたって、有効なツールの一つである。

2　国際・グローバル戦略とバランス・スコアカード

(1) バランス・スコアカードの試行

　国際・グローバル戦略は、グローバル・ブランディングの構築、優秀な教員や外国人留学生の獲得による研究や教育力に関する競争力（科学研究費補助金などの競争的資金の獲得）の維持・確保、グローバル人材の育成・輩出などにつながる。すなわち、結果的に受験者数および優秀な学生や教員の確保につながり、大学財政に寄与することになる。また、特に地方にある大学は、地域に大きな経済波及効果をもたらすことになる。

　しかしながら、国際・グローバル戦略は、財務的に大きな負担を強いる戦略でもある。たとえば、優秀な外国人教員の招聘、優秀な外国人留学生を獲得するためのリクルーティングコスト、外国人留学生の受入れのための学生寮の設置経費と運用コスト、日本人学生の海外派遣や外国人留学生の受入れを支援するための奨学金制度の整備、英語による学位プログラムを構築するために必要となる教員の人件費、海外研修プログラムの作成費用などが必要となる。とはいえ、国際・グローバル戦略を行うことは、コスト以上にメリットが大きいため、大学経営戦略として必須である。そのため、国際・グローバル戦略を実施するにあたっては、コストがかかる戦略であることを認識したうえで、常にコストを意識した戦略展開が求められる。

　これらのことを踏まえて、国際・グローバル戦略目標を達成するために、大学のグローバルを推進する担当部局を想定して、その部局に関する戦略マップおよびバランス・スコアカードの作成を検討することが重要である。

　ビジョンとしては、「大学経営戦略として、国際化・グローバル化事業への選択と集中を図り、地域経済に貢献する新たな価値を創造するとともに、ステークホルダーに選ばれる大学になる」を掲げ、財務の視点、顧客の視点、業務プロセスの視点、人材と変革の視点（学習と変革の視点）の四つの視点からバランス・スコアカードを作成している。

　バランス・スコアカードの作成にあたって、まず戦略マップを作成する。

戦略マップを作成することによって、四つの視点における戦略目標の因果関係を俯瞰的に把握することができるようになる。また、全体像を俯瞰することで、新たな価値を創造するビジョンを達成するプロセスについて、すべての構成員が理解できるようになる。図表4-4のパターン1[7]は、民間企業をベースとした四つの視点の関係性から作成したものである。したがって、企業の最終的な目標達成は株主利益の最大化や利潤の追求となることから、財務の視点を頂点とする構造が形成される。しかし、大学や地方自治体は、営利組織ではないこと、予算編成主義をとっていることなどから、財務の視点をベースとしたパターン2のような戦略マップを考案することも可能である。実際にバランス・スコアカードを作成するにあたっては、戦略目標に応じ、少しストレッチした程度の達成可能と考えられる成果目標（数値目標）や業績評価指標（KPI: Key Performance Indicator）の設定を念頭に置きながら、さらに精緻な戦略マップを作成していく必要がある。

　バランス・スコアカード（図表4-5）については、顧客の視点では、学生や地域住民のほかにも、保護者や地域企業なども考えられる。どこに焦点をあてた戦略かによって戦略目標や重要成功要因、業績評価指標も異

図表 4-4　戦略マップ

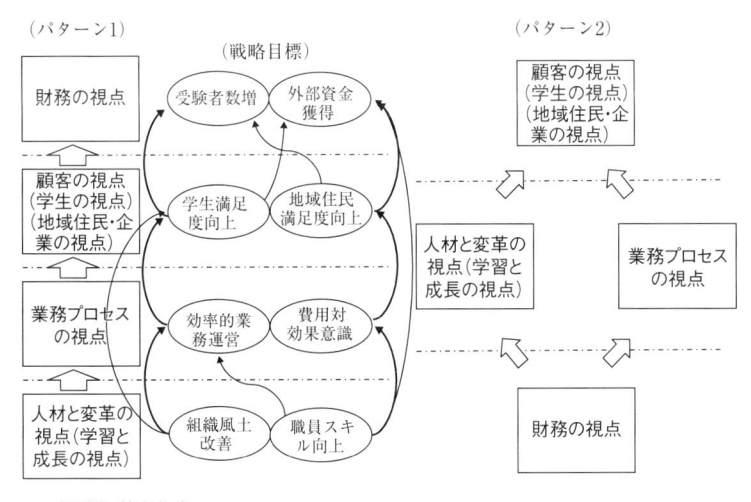

（出所）筆者作成

なってくる。相互の因果関係も改めて検証していかなければならない。

　図表4-5は、大学の国際化・グローバル化を担当する部局のバランス・ス
コアカードの例示である。このバランス・スコアカードを作成するにあたっ
ての戦略目的は、大学経営戦略の一つとして、グローバル化事業への選択
と集中を図り、地域経済に貢献する新たな価値を創造するとともに、ス
テークホルダーに選ばれる大学になるとしている。

図表4-5　国際化・グローバル化を担当する部局のバランス・スコアカード

戦略目的	大学経営戦略として、グローバル化事業への選択と集中を図り、地域経済に貢献する新たな価値を創造するとともに、ステークホルダーに選ばれる大学になる。				
視点	戦略目標	重要成功要因	業績評価指標（KPI）	成果目標（数値目標）	実行計画
財務の視点	・グローバル・ブランディングの確立による受験者数増の実現 ・外部資金の獲得 ・費用対効果の最大化 ・コストの削減	・受験者数の増加 ・競争的資金の獲得	・受験者獲得状況 ・競争的獲得状況 ・消費収支比率の改善 ・教育研究経費比率改善 ・年俸制導入（教員） ・年俸制導入（事務職員）	・受験者数増対前年比10ポイントアップ ・競争的資金獲得額対前年比10ポイントアップ ・経常収支差額比率20％以上 ・教育研究経費比率40％以上 ・人件費比率50％以下	・大学全体のブランディング活動と連動したPR活動（SNSのフル活用） ・グローバル戦略とその成果をまとめた広告媒体作成と配布 ・科学研究費補助金申請のノルマ化
顧客の視点（学生の視点）（地域住民の視点）（地域企業の視点）	（学生の視点） ・学生満足度の向上 （地域住民の視点） ・地域貢献事業による地域住民満足度の向上 （地域企業の視点） ・地域企業がグローバル企業になるための支援	（学生の視点） ・学生の満足度の状況 （地域住民の視点） ・国際交流事業の展開 （地域企業の視点） ・地域企業等への就職	（学生の視点） ・学生満足度 ・外国人留学生の全学生数比率 ・日本人学生の留学経験者比率 ・学生交換協定校数 ・英語による授業科目数割合 ・英語学位プログラム設置数 （地域住民の視点） ・地域住民満足度 （地域企業の視点） ・地域企業への就職状況	（学生の視点） ・学生満足度調査による満足度80％以上 ・外国人留学生の全学生数比率20％ ・日本人学生の留学経験者比率60％ ・学生交換協定校数200校 ・英語による授業科目数割合50％ ・英語学位プログラム設置数：5プログラム （地域住民の視点） ・地域住民満足度調査による満足度80％以上 （地域企業の視点） ・地域企業への就職率70％	（学生の視点） ・学生交換協定校新規開拓 ・短期海外語学研修プログラム開発 ・海外インターンシップ開発 ・海外PBL型プログラム開発 ・英語学位プログラム開発 ・混住型留学生寮設置 （地域住民の視点） ・国際交流事業の充実 （地域企業の視点） ・地域企業との学内就職フェア開催 ・地域企業へのインターンシップ開発 ・産官学連携事業推進

視点	戦略目標	重要成功要因	業績評価指標 （KPI）	成果目標 （数値目標）	実行計画
業務プロセスの視点	・効率的業務運営 ・遂行による教職協働の推進 ・コストを意識した業務運営 ・Student Centered に基づく現場主義	・プライオリティをつける ・スケジュール管理 ・対話重視型のコンセンサス構築	・期日の厳守 ・業務の効率化 ・時間外労働時間数 ・学生カルテ情報システムの導入	・期日を超えた業務ゼロ ・時間外労働時間数前年比10ポイントダウン ・学生カルテ情報システム活用率100%	・毎朝のショート・スタンディング・ミーティング実施 ・1週間に1回チーム・ミーティング実施 ・学生カルテ情報システム開発・導入
人材と変革の視点（学習と成長の視点）	・ポジティブな組織風土（チームでの業務推進、適材適所への配置） ・職員のコアコンピタンス（リーダーシップの養成、個人のスキルアップ）	・人事評価制度 ・目標管理制度 ・職員のモチベーション ・研修制度	・教員に占める外国人および外国の大学で学位を取得した専任教員等の割合 ・職員に占める外国人および外国の大学で学位を取得した専任職員等の割合 ・TOEIC700点以上の取得者数と割合 ・事務職員の高度化への取り組み状況	・外国人専任教員割合50% ・職員国際化率30% ・人事評価制度満足度100% ・目標管理制度実施率100% ・TOEIC700点以上取得割合60%	・公平・公正な人事評価制度構築 ・目標管理制度の機能 ・スタッフ・ディベロップメント制度の確立 ・管理職登用時の外国語運用能力要件の設定

（出所）筆者作成

　図表4-5の成果目標に掲げた経常収支差額比率、教育研究経費比率、人件費比率は、国際・グローバル戦略を展開していくうえでも特に重要な財務指標と考えられる。それゆえ、次にそれら三つの財務指標について、私立大学を運営する主体である学校法人における収支構造の特徴および財務分析の目的を踏まえて考察している。

(2) 学校法人の収支構造の特徴

　収入は、学生生徒等納付金、補助金、寄付金、資産運用収入、事業収入などからなる。そのうち学生生徒等納付金収入が全体のおおむね7～8割、補助金がおおむね1～2割となっている。学生収容定員が定められていることから、学生募集活動が円滑に行われていれば、すなわち学生募集力があれば、おおむね収入は固定的といえる。

　次に、支出は、人件費、教育研究経費、管理経費等からなっており、人件費がおおむね5～6割、教育研究経費がおおむね3割、管理経費が1割弱

といった支出割合（日本私立学校振興・共済事業団 2012b, p. 42）であり、使途が制約的かつ固定的である。これらのことから、大学の財務管理は、資金を効果的に配分する必要があり、予算制度（予算編成、予算執行管理）を機能させていくことが重要となっている。

(3) 財務分析の目的

日本私立学校振興・共済事業団（2015, p. 2）によると、2015 年 5 月 1 日現在のデータから、私立大学の入学定員未充足率は 43.2％となっている。つまり、私立大学の約 4 割が定員未充足の状態である。また、データは少し古くなるが、図表 4-6 にあるように帰属収入で消費支出を賄うことができない学校法人は年々増加しており、2007（平成 19）年には 37.1％となっている。ここからも約 4 割が厳しい財政状況にあることがわかる。

このように厳しさを増す経営環境にあって、戦略的な中・長期計画や将来構想を立案し実行していくためには、財政が健全でなければならない。

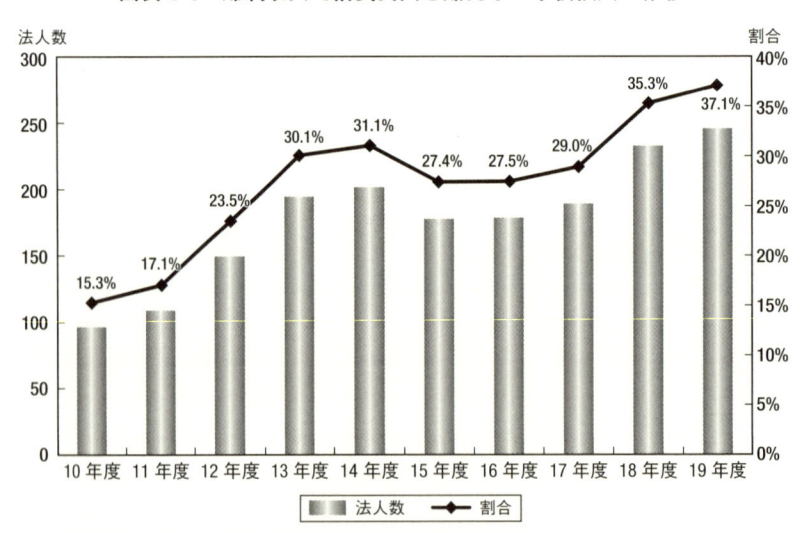

図表 4-6 　帰属収入で消費支出を賄えない学校法人の推移

（出所）文部科学省（2009）

その財政の健全性が維持できるよう財務諸表（活動区分資金収支計算書、事業活動収支計算書、貸借対照表）をしっかりと解釈し、重要な財務比率を常にチェックしていくことがが求められる。

（4）特に重要と考えられる三つの指標

　上述した学校法人の収支構造の特徴および財務分析の目的を踏まえ、キャッシュフローにおいて特に重要と考えられる指標は、経常収支差額比率（事業活動収支計算書）、教育研究経費比率（事業活動収支計算書）、人件費比率（事業活動収支計算書）の三つの財務比率である。

経常収支差額比率（事業活動収支計算書）

　経常収支差額比率は、2015 年 4 月から適用された学校法人会計基準の一部改正（通知）（25 文科高第 90 号：平成 25 年 4 月 22 日）によって新たに設けられた経常的な収支のバランスを示す比率である（文部科学省 2013a）。

　経常収支差額比率は、経常収入から経常支出を差し引いた経常収支差額を経常収入で除した割合である（日本私立大学連盟 2014, pp. 22-23）。事業活動収支計算書の経常収支差額をみれば、その学校法人の収支状況が明らかであり、経営状況がどのような状態にあるのかを理解することができるため、収益性や効率性を測る指標として重要である。

　経常収支差額がマイナスになれば、経常収入で経常支出を賄えない状態となることから、一般的には自己資金を取り崩すことになり、いずれは資金繰りにも困難を来す恐れがある。また、基本金組入前にすでに経常支出超過の状態であることから、経営上の問題があるといえる。本比率が良くない要因としては、たとえば、経営に必要となる学生数が確保できていない（損益分岐点となる必要な学生数の確保）、コスト意識が低く経費支出が抑えきれていないなどを挙げることができる。

　経常収支差額比率は、新たな学校法人会計基準による新設の比率であることから、旧学校法人会計基準の帰属収支差額比率と単純に比較することはできないが、2012 年度の帰属収支差額比率[8]の全国平均は 4.8％（日本私

立学校振興・共済事業団 2012b, p. 42）が参考になる。この比率は高い値ほど自己資金が充実しており、良い経営状態であるといえる。高い比率が望ましい理由としては、校地校舎といった教育研究に必要な資産相当額を、維持すべき基本金として、帰属収入のなかから確保する必要があり、基本金組入額相当額の帰属収支差額が必要となるためである。なお、単年度のキャッシュフローとして、収入と支出の均衡がとれていることが必要であることから、消費収支比率が100％を上回っていないことは必須である。

教育研究経費比率（事業活動収支計算書）

　支出構成の適切性を測る指標の一つに教育研究経費比率がある。この比率は、教育研究経費を経常収入で除した割合である（日本私立大学連盟 2014, pp. 16-17）。旧基準の教育研究経費比率は、教育研究費を帰属収入で除した割合であったため、新基準ではその比率が少し高くなる。[9] 学校法人会計基準の一部改正後のデータではないが、2012年度の教育研究費比率は全国平均で31.2％（日本私立学校振興・共済事業団 2012b, p. 42）であり、高い値ほどよいとされていることは参考となろう。

　この割合は、学部の教育や研究特性によって適正数値に幅はあるものの、大学は教育・研究を行い、社会に有意な人材を輩出する教育機関としての使命を有していることから、どの程度の経費を教育や研究に対して支出しているかを知ることは、その大学の教育・研究に対するスタンスや取り組み状況を知るうえで重要な指標である。もちろん、本割合が高いに越したことはないが、支出経費である以上、収入とのバランスをとる必要がある。

人件費比率（事業活動収支計算書）

　人件費は、学校法人にとって最も大きな割合を占めており、固定費的な性格を有している。人件費比率は、人件費を経常収入で除した割合である。旧基準の人件費比率は、人件費を帰属収入で除した割合であったため、新基準ではその比率が旧教育研究費比率と同様の理由で少し高くなる。なお、2012年度の人件費比率は全国平均で52.8％（日本私立学校振興・

共済事業団 2012b, p. 42) である。優秀な教員や事務職員を確保していくためには、相応の給与やサービスを用意する必要があるが、人件費が高騰すれば財政に大きな影響を与えることから、慎重な対応が必要となる。最大の固定的支出であることから、教員や事務職員といった区分ごとに年俸制や目標管理制度、テニュアトラック制等の導入や人件費全体の総額規制についても今後は総合的に検討していく必要があろう。

　これら三つの指標以外にも、単年度だけではなく将来に向けて財政基盤の安定性を図る指標として、貸借対照表では純資産構成比率や繰越収支差額比率といった指標も重視しながら、総合的に中・長期計画や将来構想を検討していくことが求められる。

3　新たな価値を創造する国際・グローバル戦略

(1) 国際・グローバル戦略と地方創生戦略との統合

　大学における国際・グローバル戦略は、国公私立の設置形態や、都市圏なのか地方に位置するのか、あるいは入学定員の規模の大きさの如何にかかわらず、これからの大学経営にとって必要な戦略であることはこれまで述べてきた。人口減少の続く日本社会のなかで、東京を中心とした都市圏への人口移動の流れに歯止めがかからず、地方経済は疲弊を続けており、地方創生が喫緊の課題となっている。このような状況を解決するためには、国際・グローバル戦略と地方創生戦略について国際化・グローバル化という大きな文脈のなかでとらえる必要がある。

　国際・グローバル戦略と地方創生のための戦略とをつなぎ合わせて考え、シナジー効果を念頭に置いた戦略を構築し、実行に移していくことができれば、大学に新たな価値をもたらすはずである。国際教養大学と会津大学は、スーパーグローバル大学として日本の大学の国際化・グローバル化を牽引することを期待されている。その二つの大学が、奇しくも同じように地域経済への経済波及効果を測定し、自身の大学の存在意義を広く社

会やステークホルダーに発信・説明している。国際・グローバル戦略は、地方創生にとっても欠かせない戦略であり、その逆もまた然りであることをこの経済波及効果という数値データが示している。

　国際・グローバル戦略を実行した結果として、地域社会・経済に有形・無形の貢献を行っていることが広く社会に目に見えてわかるように発信することで、大学経営戦略の一つとして位置づけられた国際・グローバル戦略に新たな価値が付加されるはずである。

　筆者は、キャリアセンターにおいて就職・キャリア形成支援を行っていた経験から、地方創生には優秀な若手人材の確保が重要であることを認識している。リーマン・ショック以降、大学と地方自治体との間で、地域経済の再生・活性化のためにＵターンやＩターンを促進すべく、就職支援協定を提携する例が増えている。就職支援協定に基づいた具体的な就職支援として、現地での企業懇談会や現地における地域企業合同就職フェアなどを開催するなどしている。

　また、地域企業の魅力や特徴をわかりやすく学生に伝え、より身近に感じてもらえるよう地方自治体から学生に向けて地元での暮らし方から地域企業情報などを載せたメール・マガジンを定期的に配信するなどの取り組みを行っている。グローバルに活躍したいと考える学生は、都市圏にしかグローバル企業はないと一般的に考えているようである。実際には、地方にもグローバルに事業を展開している企業は多い。

　しかし、残念ながらそういった情報は学生には届いておらず、学生と地方にあるグローバル企業とのマッチングの機会を逸している。このような視点からの戦略構築もまた、国際・グローバル戦略と地方創生戦略との新たな価値を創造する統合戦略として有効であると考える。

(2) 国際化・グローバル化と地域貢献のあり方

　国際・グローバル戦略は、その実行の結果、地方創生のための戦略として地域に貢献している。学部構成が国際教養大学や会津大学のように１学部で成り立っている場合は、教員の専門分野が比較的隣接していることか

ら、国際化・グローバル化にともなう地域貢献の具体的方策が検討・実行しやすい環境にあるといえる。しかし、複数の学部で構成される大学では、専門分野が異なることから、学部によって地域貢献のあり方が異なってくることが考えられ、大学全体として国際・グローバル戦略と地方創生戦略の統合が困難なケースが生じる可能性がある。そこで、国際・グローバル戦略によって、学部の枠組みを超えて大学全体の戦略的な地方創生のための具体的方策が構築できるようコンセプト・マップの作成を試みることとした。

　図表4-7は、国際・グローバル戦略と地方創生戦略の統合について、具体的に大学の将来ビジョンをもとに概念を整理したものである。このコンセプト・マップは、大学の将来ビジョンのもと、学長がリーダーシップを発揮し、戦略的な中期計画や将来構想を計画するとともに、全学への浸透を図る必要があることを示している。その中期計画や将来構想における重要戦略として、国際・グローバル戦略と地方創生戦略（地域貢献政策）とが統合されるよう関連づけを行っている。また、各戦略は学部の枠組みを越えた学部間の調整が必要な場合もあり、学部長のリーダーシップが発揮されなければならない。国際・グローバル戦略と地方創生戦略（地域貢献のための戦略）、そしてそれらを統合した戦略を学部特有の戦略に落とし込む場合も同様に学部長のリーダーシップが必要である。

　まず、国際・グローバル戦略から概念を整理していく。国際・グローバル戦略は、いくつかのアクションプランで構成されている。ここでは、グローバル人材の育成、日本人学生の海外派遣、優秀な留学生を確保するためのマーケティング（海外学生交換協定校新規開拓）、優秀な外国人教員の採用・獲得、優秀な日本人教員の採用・獲得、優秀な事務職員の採用・獲得を挙げている。国際・グローバル戦略の要素である日本人学生の海外派遣、優秀な留学生を確保するためのマーケティング（海外学生交換協定校新規開拓や正規外国人留学生の募集・広報等）は学生へ豊富な海外留学先を提供することとなり、優秀な留学生の確保はキャンパスの多様化に寄与する。

　これらの結果として、学生の満足度が向上する。優秀な外国人教員の獲

図表 4-7　国際・グローバル戦略と地方創生戦略の統合コンセプト・マップ

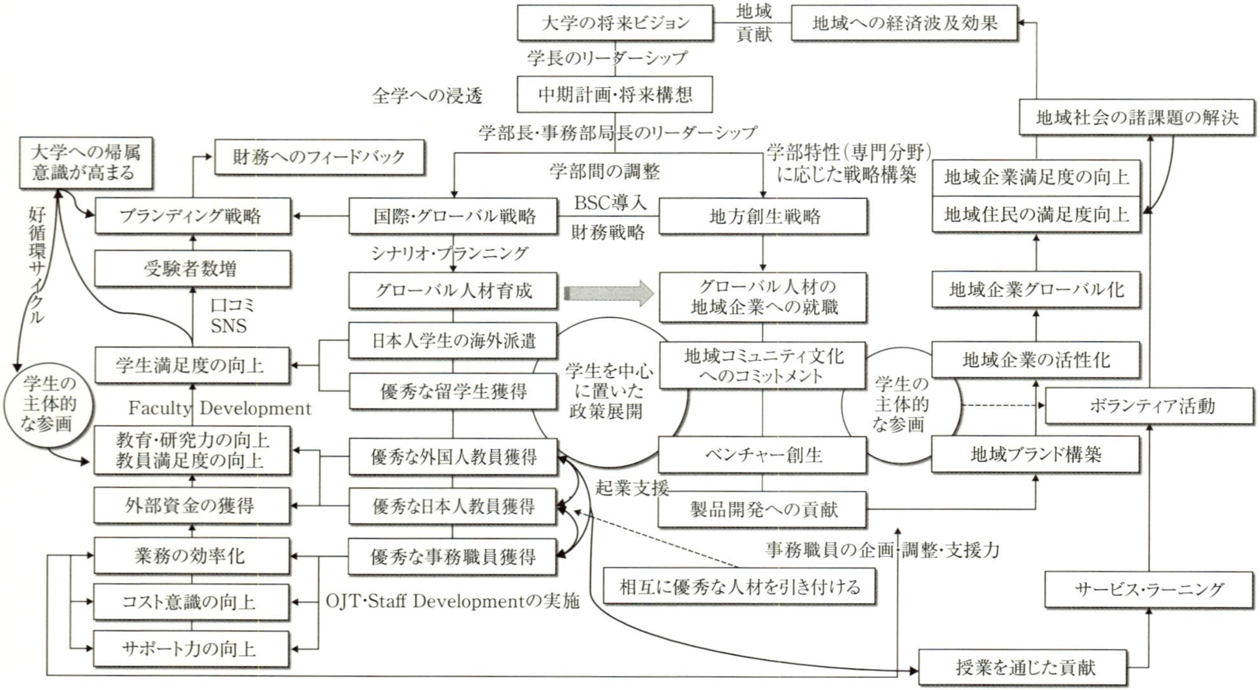

（出所）筆者作成

得と優秀な日本人教員を獲得することができれば、教育・研究力の向上や結果としての科学研究補助金といった外部資金の獲得の可能性が高まる。なかでも、教員の能力開発やカリキュラム改革を意味するファカルティ・ディベロップメントは教育力を向上させ、教育の質が高まり、学生の満足度の向上に寄与する。優秀な事務職員を獲得し、OJT や事務職員の能力開発のため義務化された研修や自己研鑽等を意味するスタッフ・ディベロップメントを通じて事務職員に求められるさまざまなマネジメント能力を開発することによって、学生へのサービスの質が高まるとともに事務職員のコスト意識が向上し、業務の効率化が図れる。すなわち、優秀な教員や事務職員を獲得・育成することは、学生の満足度の向上に資することとなり、学生満足度の向上が評判となって口コミや SNS で拡散し、結果として受験者数増、ひいては大学のブランド構築につながり、財務へとフィードバックされていくことを表している。

　また、優秀な教員・事務職員を獲得すると、教育・研究力が高まるとともに教育・研究への支援が強化され、さらに優秀な教員・事務職員を確保することができるという好循環サイクルが生まれる。そして、優秀な教員が、学生のニーズにあった授業を行うことによって、学生の満足度が向上する。その学生の満足度の向上が、次に学生の大学への帰属意識を高め、学生の授業への主体的・能動的な参画を促進し、結果として教員の満足度が向上するという好循環サイクルが生まれることになる。

　続いて、地方創生戦略（地域貢献政策）についての概念をみていく。地方創生戦略は、いくつかのアクションプランで構成されている。ここでは、グローバルに活躍できる人材を育成しグローバル化を推進する地域企業への就職マッチングを行う機会の創出、大学の無形資産である知的資源の活用および地域コミュニティとの連携を促進することによる地方文化の活性化や再生・保護、地域発のベンチャー創生、地域企業との共同研究による新たな製品開発を挙げている。

　ベンチャー創生や製品開発は、地域の産業振興や地域資源を活用した特産品の開発といった地域ブランドの構築に寄与する。地域ブランドの育成は、地域企業の活性化を促進すると同時に ICT の活用による地域企業の

グローバル化を促進する。これらの活動の結果が地域に活性化をもたらし、地域企業や地域住民の満足度が向上することになる。そして、これらの活動が結果として、地域に経済波及効果をもたらすことになる。ただし、専門分野が異なる学部で構成される総合大学では、特に学問系統によって地方貢献の具体的方法が異なることから、学部特性（専門分野）に応じた戦略の構築が求められる。その際には、各学部長や事務部局の部門長が、大学全体の戦略目標を踏まえ、学部の枠組みを越えた取り組みや学部特有の取り組みが行えるよう、リーダーシップを発揮する必要がある。また、学生は主体的に、学部もしくは学部の枠組みを越えた授業を通じて獲得した知識や技能をボランティア活動やサービス・ラーニングを通して、地域社会が抱える諸課題の解決に役立てることができる。

　これら二つの戦略を個別にみてきたが、両戦略はグローバルに活躍する人材を育成することにより、その戦略目標が達成される。図表4-7からも二つの戦略の関連性が明確になっており、それぞれの戦略を個別に考えるのではなく、国際化・グローバル化という大きな文脈のなかで統合すべき戦略としてとらえるべきである。これらの戦略を検討する際には、誰のための戦略なのかということを念頭に置いておく必要がある。すなわち、常に学生を中心に置きながら戦略を考え、学生の主体的な参画や活動が促進されるよう仕組みづくりを考えなければならない。

(3) 国際・グローバル戦略と財務戦略

　国際・グローバル戦略は、財政的に負担の大きな戦略である。国際・グローバル戦略と財務戦略との統合について、経営資源であるヒト・モノ・カネ・情報の観点から考える必要がある。

　教育・研究において、優秀な人的資源が必要なことはいうまでもない。研究力の高い教員、教育力の高い教員を獲得するためには、魅力ある報酬の仕組みが必要である。年俸制やキャップ制のような新たな給与制度とうまく連動することができれば、ある程度人件費を抑えることも可能であるかもしれないが、一般的には優秀な教員を獲得するためには、相当の報酬

を用意する必要があり、人件費が上昇することは否めない。優秀な事務職員を獲得・雇用する場合も、ポジションやその仕事内容に見合った報酬を用意しなければならない。さらに、優秀な外国人教員を獲得するためには、受入れ体制の整備が必須である。教員宿舎をはじめ、生活一般に至るまでサポートが求められる。もちろん、海外から優秀な外国人留学生を獲得するのにも、財務的に負担を強いることになる。たとえば、奨学金制度や留学生寮を整備しなければならない。

　このように、財政的に大きな負担を強いることになるため、財務の視点を念頭に置きながら国際・グローバル戦略を計画・実行していくことが必要である。その点で、バランス・スコアカードを用いながら国際・グローバル戦略を計画・実行していくことは有効であると考えられる。事務職員は、バランス・スコアカードを活用することによって、財務の視点および人材の変革の視点（学習と変革の視点）において設定した各戦略目標を達成するために、コストに対する意識を改革し、効率性を求めながら費用対効果の最大化が図れるようになる。

　バランス・スコアカードは戦略マップにより、戦略全体を俯瞰してみることができる情報伝達・共有のためのコミュニケーションツールとして一般的に有効であるが、大学のような組織では、部局ごとに戦略や目的が大きく異なることから、機能しにくい側面もある。そういう意味では、たとえば、収容定員規模で20,000人を超すような大規模大学では、部局や構成員の数が多いことから、コミュニケーションツールとして機能しにくい側面を有していると考える。

　また、国立大学では、6年ごとに策定が義務づけられている中期目標・中期計画、さらには国立大学法人評価や認証評価の受審もあり、新たにバランス・スコアカードも策定するということになれば、屋上屋を重ねるようにとらわれる危険性も高く、バランス・スコアカードの優位な点を活かすことができない可能性もある。そういう観点からすれば、比較的規模の小さい小・中規模大学や特定の部局での戦略ツールとしてバランス・スコアカードは有効であると考えられる。

　大学にとってなぜ大学経営戦略としての国際・グローバル戦略が必要であるのか、そして国際・グローバル戦略を計画・実行していくためにはどのような視点で考えていくべきなのかについて、シナリオ・プランニングやバランス・スコアカードを試行しながら考察してきた。

　ICT技術の発達は、グローバル化という大きな社会変革ともいえる大きな時代の流れを生み出している。この大きな潮流には逆らうことができないことを認識しなければならない。そして、どのようにすればグローバル化という流れに乗ることができるのか、あるいはその流れに歩調を合わすことができるのかについて考えるべき時に来ている。すなわち、時代という大きな流れのなかで、国際・グローバル戦略をとらえるべきである。

　ICT化によるグローバル化という大きな流れは、産業構造や経済環境に大きな変革を促しており、その社会や経済のなかで必要とされる人材像をも変化させている。そのように社会に求められる人材をグローバル人材というべきかどうかは別として、そういった人材は、世界で活躍する人材だけを意味しているのではなく、ICTによるネットワークでつながった世界においては、どのような地方や地域においても必要とされる人材なのである。大学そのものは決して大きな存在ではないが、人材を育成する教育機関として、その果たすべき役割は大きい。大学が、教育・研究を通して地域に貢献していくという本来の使命を果たすために、国際・グローバル戦略は必要不可欠な大学経営戦略である。

　大学経営戦略として、国際・グローバル戦略を実行していこうとすれば、一時的あるいは中・長期的にも大きく財政負担を強いることになる。一方で、国際・グローバル戦略と地方創生戦略とを統合した戦略は、大学に新しい価値を創造する可能性があることを、地域への貢献として有形・無形の経済波及効果の視点から考察してきた。大学は国際・グローバル戦略を実行することによって、地域に計り知れない恩恵をもたらすとともに、結果として大学ブランドの確立による受験者数増、それにともなう財政へのフィードバックを大学にももたらすのである。それゆえ、グローバル化した時代にあって、大学経営戦略としての国際・グローバル戦略は、財務戦略として将来的に回収可能な投資としてとらえ、積極的に投資を行

うべきである。

注

1　以下、記載している質問内容は、インタビューを行ったアンケートの設問項目に準拠している。

2　本質問内容は、自大学のポジショニングをどのように位置づけているのか。また、そのポジショニングに基づいて、学生募集、国際化・グローバル化等のマーケティングをどのように行っているのかという主旨でインタビューを行った。

3　1年間を四つのタームに分割してカリキュラムを編成する学期制のことである。

4　ここで用いている交通利便性とは、自宅通学圏もしくは自宅外通学、自宅通学の場合はどの程度の時間を要するのかということにおける利便性を意味している。

5　ここで用いている国際化・グローバル化度とは、先にスーパーグローバル大学が指標として掲げている外国人受入留学生数、日本人派遣留学生数、英語学位プログラムの有無、海外協定校数、海外語学プログラムの充実度などを意味している。

6　ASEAN は、2015年末に安全保障共同体、経済共同体、社会・文化共同体からなる ASEAN 共同体を発足した（外務省 2015a）。

7　図表 4-4 の戦略目標、重要成功要因、業績評価指標等の詳細については、図表 4-5 を参照のこと。

8　帰属収支差額比率は、帰属収入から消費支出を差し引いた帰属収支差額を帰属収入で除した割合である。

9　経常収入は、資産売却額、施設設備寄付金、施設設備補助金等の臨時的な収入が除かれていることが要因である（日本私立大学連盟 2014, p. 17）。

第**5**章

大学経営の国際化とグローバル化

1　大学経営戦略としての国際化とグローバル化

(1)　シナリオ・プランニング

　本書では、大学経営戦略としての国際・グローバル戦略がいかに重要であるかを明らかにしてきた。まず、外部環境分析として、外国人留学生の受入れや日本人学生の派遣先のマーケットとして有望と考えられる欧州とアジアを中心とした各国および地域に焦点をあてて、それらの国や地域で取り組まれている国際・グローバル戦略、なかでも留学生政策についてみてきた。そういった国や地域においては、グローバル化した社会に対応するために、国家戦略として国際・グローバル戦略が取り組まれていることがわかった。日本でも、2014年度からはじまったスーパーグローバル大学の取り組みを先導的な事例として、日本の大学全体の国際化・グローバル化を推進しようとしている。しかし、実際には日本の大学が国際化・グローバル化を進めていくうえで、解決すべき阻害要因があることも明らかになった。

　そして、国際・グローバル戦略は、大学経営戦略として必須であるとの認識のもと、どのように国際・グローバル戦略を実際に構築すべきなのかについてスーパーグローバル大学を中心とする大学経営トップ層へのインタビュー調査やスーパーグローバル大学の取り組み、先行研究から分析を行った。

　それらの分析結果を踏まえて、本書では、不確実性の高い時代に、大学

経営戦略としての国際・グローバル戦略が適切かつ迅速に実行・対応が可能となるよう、シナリオ・プランニングの手法を用いて、未来環境予測を立てながら、戦略案を構築した。しかし、環境変化を予測するための要因抽出や分析、シナリオのストーリー化は必ずしも十分ではない。第4章1(2)⑥（pp. 99-101）においては、シナリオ2に対してのみグローバル化に向けた戦略案を策定したが、将来は不確実性に満ちており、必ずしも先に示した4象限に明確に収まりきれるものではない。それゆえ、本来であれば他の三つのシナリオのすべてにおいて戦略案を策定し、将来生じる環境変化に適切かつ迅速に対応していく必要がある。シナリオのストーリー化を図るために、各大学は国際化・グローバル化に向けた将来ビジョンを描き、各大学の有する地理的特性も含めたコアコンピタンスを活かしたより精緻な国際・グローバル戦略を構築しなければならない。この策定プロセスで得られる知見が、他大学との差別化を図る鍵となる。

（2）重要なマーケットとしての欧州とアジア地域

　特に有望なマーケットとして欧州やアジア地域における国際・グローバル戦略の動向について注目していく必要がある。これらの地域や国では、一国だけの政策にとどまらず地域的な枠組みで留学生政策や国際・グローバル戦略が進行している。今後日本の国際・グローバル戦略を検討していく際には、これらの国や地域における国際・グローバル戦略との比較の観点からより詳細な分析が必要と考えられる。欧州地域では、地方公共政策の最先端を行く英国における国際・グローバル戦略の研究をはじめ、欧州の地域的枠組みである欧州高等教育圏における研究者と学生の流動性を高めるための仕組みにさらに焦点をあて、教育の質保証に向けた方策を研究していく必要があろう。

　また、アジアにおける地域的枠組みである AUN（ASEAN University Network）や UMAP（University Mobility in Asia and the Pacific：アジア太平洋大学交流機構）の取り組みを注視しながら、アジア諸国のなかでも、国家戦略として留学生政策を行っているシンガポール、マレーシア、

タイ、オーストラリアといったグローバル先進国ともいえる国々にも多く
を学ぶ必要がある。なかでも、日本と同様に天然資源がなく少子高齢化に
直面しているシンガポールは、留学生政策と高度人材獲得政策との統合を
図り、高度外国人労働者の獲得を進めている。日本でも生産年齢人口の減
少が予測されるなか、労働力人口や高度な知識や能力を有した人材をいか
に確保していくかは国家的課題である。また、地方では地域経済を担う若
手人材の確保に苦労している。シンガポールの留学生政策と融合した人材
確保政策は、こういった日本が抱えている課題解決の一助になる可能性が
ある。

　これらの精緻な分析をもとに、日本において国際化・グローバル化が進
まない阻害要因の解決策を明らかにし、日本のすべての大学に必要である
国際・グローバル戦略の構築・実行に役立てるための研究が今後必要とな
る。また、スーパーグローバル大学による国際・グローバル戦略は、2015
年度から具体的に取り組みがはじまったところであることから、年度ごと
に各採択校の進捗状況についての分析を行い、目標ごとに現状把握と課題
抽出を行うことによって、それぞれの国際・グローバル戦略の有効性や阻
害要因を明らかにしていく必要がある。そして、それらの阻害要因の解決
方策が、今後日本の大学の国際化・グローバル化の促進に向けた有効策と
して機能することになる。

2　国際・グローバル戦略を推進していくための財務戦略

　本書では、国際・グローバル戦略は財政に大きな負担を強いる戦略であ
ることから、大学においてもバランス・スコアカードの活用が有意である
ことを明らかにするとともに、戦略目標が俯瞰的に理解できるよう国際
化・グローバル化を推進する関連担当部局における戦略マップおよびバラ
ンス・スコアカードの作成を試みた。戦略マップおよびバランス・スコア
カードは、大学全体の中期計画や将来構想とリンクさせ、より精緻な見取
り図として策定しなければならない。そして、大学執行部はもとより大学

構成員であるすべての教職員が、財務指標を重視するとともにコスト意識を常にもつ必要がある。現在、大学経営においては、まだバランス・スコアカードの活用例は少ないが、中期計画や年次計画等において重要業績評価指標（KPI: Key Performance Indicator）を採用する大学が増えている。設定した目標に対する達成状況を分析し、改善や解決に活かすためにも、大学経営におけるバランス・スコアカードの有効性が改めて認識される必要がある。

18歳人口のさらなる減少期を迎え、大学を取り巻く競争的環境は厳しさを増すばかりである。そういった環境のなかで戦略的な中・長期計画や将来構想を立案し実行していくためには、財政が健全でなければならない。その財政の健全性が維持できるよう財務諸表に新たな視点として投資という観点を加え、国際・グローバル戦略にかかるイニシャルコストやランニングコストが将来回収可能な投資戦略としてとらえることができるよう、投資効果を明らかにするような実証的な研究が必要であろう。

3　国際・グローバル戦略と地方創生戦略との統合

国際・グローバル戦略は、地方に位置する大学にとっても重要な大学経営戦略である。本書では、地方にある大学が国際・グローバル戦略を実行することによって、地域に相当の経済波及効果をもたらすことを会津大学と国際教養大学の取り組みから言及している。そして、国際・グローバル戦略と地方創生とを大きな文脈のなかでとらえ、つなぎ合わせて考えるためにコンセプト・マップを用いて概念の整理を行い、二つの戦略の有意性と因果関係を明らかにすべく考察した。

しかしながら、取り組み事例は二組にすぎず、すべての大学が国際・グローバル戦略を実行することによって、同じような経済波及効果を地域にもたらすということが一般化できたわけではない。人口減少の続く日本社会のなかで、東京を中心とした都市圏への人口集中が進み、地方経済は疲弊を続けており、地方創生は喫緊の課題となっている。

　このような状況を解決するために、国際・グローバル戦略と地方創生戦略について国際化・グローバル化という大きな文脈でとらえ、大学は国公私立の設置形態や都市圏あるいは地方に位置するのかといったロケーション、入学定員の規模にかかわらず、国際・グローバル戦略を実行することで、結果として地域社会・経済に有形・無形の貢献を行っていることを明らかにしていく必要があるだろう。

　国際教養大学は、一般財団法人秋田経済研究所に依頼し、国際教養大学が地域経済に及ぼす経済効果を試算し公表している。そこでは、国際教養大学の諸活動がもたらす経済効果は総額で約 40 億 1500 万円である。こういった実例を詳細に分析し、地方に位置する大学における国際・グローバル戦略をはじめとする諸活動が、いかに地域に経済波及効果をもたらしているのかについて、可能な限り可視化し、そのデータを地方自治体や地域企業、地域住民等と共有していかなければならない。そして、それぞれの立場やさまざまな観点から分析・検討を行い、地方大学と地域企業、そしてそれらの関係をコーディネイトする地方自治体の三者が協働・連携して地域活性化に向けて取り組むことが必要である。

参考資料 *1*

　本アンケートは、p. 8 図表 2-1 に記載したスーパーグローバル大学に採択された大学の経営トップ層にインタビューやヒアリングををを行うにあたって、事前に送付したアンケートである。このアンケートをもとに、ヒアリングを行い第 4 章で展開している不確実性が増した社会のなかで、適切な国際・グローバル戦略を構築・実行していくために必要となる 10 年後の将来予測であるシナリオ・プランニングを作成した。また、インタビューをより効果的に行うために、アンケート実施の背景や目的を記載している。

大学のグローバル化・国際化に関するヒアリング
送付アンケート

【アンケート背景・実施目的】

　ICT の急速な進歩によって、社会や経済のボーダレス化が進み、グローバル化が進展しています。そのようななか、国や産業界からは、国際競争力を確保していくためには、世界で活躍できる人材の育成が重要であるとの観点から、高等教育界にはグローバル化・国際化が強く求められています。そのグローバル化の一環として、海外で学ぶ経験を増やすよう工夫すること（海外へ派遣する学生数増）や、日本に来て学ぶ留学生数増を図るよう、文部科学省は大学に要請しています。

　18 歳人口の減少期にあって、大学間競争は厳しくなる一方です。そのようななかで、大学経営を迅速かつ的確に行い、生き残っていくためには、新たな経営戦略が求められています。大学のグローバル化・国際化はもはや、ステークホルダーにとって、大学選びの重要な指標の一つとなりつつあり、大学にとっても重要な経営戦略の一つであるということができるかもしれません。

　本ヒアリングとアンケート調査は、大学のグローバル化戦略の必要性について考察し、今後、大学経営のなかで、グローバル戦略を構築していくにあたって、参考とさせていただくために行うものです。

　なお、回答いただきました方の個人情報や個々の回答内容が外部に公表されることはありません。何卒趣旨をご理解いただきまして、ご回答いただきますようお願い申し上げます。

【グローバル戦略について】各大学様への共通質問です。

10年後という将来を予測してください

　グローバル戦略を考えるにあたって、マクロ的な視点からの質問内容になりますが、忌憚のないご意見をお聞かせいただきますようお願い申し上げます。

Q1　楽観的に将来を予測すると、世界はどのように変わっていると思われますか（その社会の姿を、どのような要因をベースにしてお考えになられたのでしょうか？）。

Q2　悲観的に将来を予測すると、世界はどのように変わっていると思われますか。

Q3　世界のグローバル化は一層進んでいると思われますか。または、どのような状態になっていると思われますか。

Q4　グローバル化した日本は、どのような社会になっていると思われますか。

Q5　グローバル化しなければ、日本はどうなると思われますか。

Q6　市場環境（日本のマーケット、世界のマーケット）はどのように変化していると思われますか。

Q7　もし、あなたが10年後の未来を見通せるとしたら、その特徴をもっともよく表す二つか三つの事柄を挙げてください。

　続きまして、高等教育界におけるマクロ的な視点からの質問内容になりますが、忌憚のないご意見をお聞かせください。

Q8　ステークホルダーが大学に求めるものは、変わっているでしょうか。

Q9　大学がさまざまな意味でグローバル化していないと、競合大学との関係でどのようなことが起こると予測されますか。

Q10　私たちの一番のライバルはだれ（たとえば、現在の競合大学、新たな競合大学の出現、海外の大学、留学を斡旋する企業など）だと思われますか。

グローバル化の必要性等について

Q11　どのような理由から、大学にはグローバル化・国際化が必要と思われ

ますか。

Q12　大学がグローバル化しなければ、どのようなことが起きると想定されますか。

Q13　グローバル化は、競合大学との関係で、優位性、差異性を確保できると思われますか。

Q14　大学のグローバル化したあるべき姿とは、どのような姿でしょうか。

Q15　大学経営戦略のなかで、グローバル・国際化戦略をどのように位置づけておられますか。

Q16　大学が着実にグローバル戦略を実行していくために、ガバナンスはどのようにあるべきであると考えますか。あるいはどのようなことが求められますか。

続きまして、財政、外国人留学生のマーケティングに関する質問です。

Q17　大学のグローバル化・国際化戦略は、財政にどのような影響を与えると思われますか。

Q18　外国人留学生は、マーケットとして、今後有望な市場（海外市場、あるいは国内における日本語を学ぶ外国人留学生市場）になると思われますか。その理由についてもお聞かせください。

Q19　どのように自分たちを位置づけ、マーケティングを行っていますか。

※自学のポジショニングをどのように位置づけていますか。また、そのポジショニングに基づいて、学生募集、グローバル・国際化等のマーケティングをどのように行っていますか。

地域戦略について

Q20　中国や韓国など、日本と特定の国との関係が今より悪化した場合、当該国との国際交流をどのように考えるべきですか。

参考資料 **2**

　本アンケートは、図表2-1に記載したスーパーグローバル大学に採択された大学の経営トップ層へのヒアリングをを行うにあたって、事前に送付したアンケートである。本書では、アンケート結果を参考にして、環境分析や考察等を行っている。

大学のグローバル化・国際化に関する調査
送付アンケート

【事前送付アンケート】

　Q1　大学のグローバル化は、必要であると思われますか。

※最も近いと思われる数字に○をつけてください。

	全く必要ではない	あまり必要ではない	どちらともいえない	少し必要である	非常に必要である
大学のグローバル化は、必要であると思われますか	1	2	3	4	5

　Q2　すべての大学（設置形態や地域、規模など）にグローバル化は、必要だと思われますか。

※最も近いと思われる数字に○をつけてください。

	全く必要ではない	あまり必要ではない	どちらともいえない	少し必要である	非常に必要である
①国立大学には必要である	1	2	3	4	5
②公立大学には必要である	1	2	3	4	5
③私立大学には必要である	1	2	3	4	5

	全く必要 ではない	あまり必要 ではない	どちらとも いえない	少し必要 である	非常に必要 である
④ 設置形態に関わらず、すべての大学に必要である	1	2	3	4	5
⑤ 首都圏の大学には必要である	1	2	3	4	5
⑥ 関西圏の大学には必要である	1	2	3	4	5
⑦ 首都圏、関西圏以外の地方でも必要である	1	2	3	4	5
⑧ すべての地域で必要である	1	2	3	4	5
⑨ 収容定員 20,000 人以上の大学では必要である	1	2	3	4	5
⑩ 収容定員 15,000〜20,000 人の大学では必要である	1	2	3	4	5
⑪ 収容定員 10,000〜15,000 人の大学では必要である	1	2	3	4	5
⑫ 収容定員 5,000〜10,000 人の大学では必要である	1	2	3	4	5
⑬ 収容定員 5,000 人未満の大学では必要である	1	2	3	4	5
⑭ 収容定員に関係なく、必要である	1	2	3	4	5

Q3　大学のグローバル戦略とは何だと思いますか。あるいは、どのような
グローバル化のための方策が必要であると思われますか。

※最も近いと思われる数字に○をつけてください。

	全く必要 ではない	あまり必要 ではない	どちらとも いえない	少し必要 である	非常に必要 である
① 海外留学に行く学生を増やす	1	2	3	4	5
② 海外からの受入留学生を増やす	1	2	3	4	5
③ 学生交換協定校数を増やす	1	2	3	4	5

	全く必要 ではない	あまり必要 ではない	どちらとも いえない	少し必要 である	非常に必要 である
④ 海外の大学とダブルディグ リーやデュアルディグリー などを行う	1	2	3	4	5
⑤ 外国人留学生の就職支 援を強化する	1	2	3	4	5
⑥ 外国人留学生と地域との 交流を促進する	1	2	3	4	5
⑦ 教員の国際化(外国人教 員採用、海外での学位 取得、海外での留学や 研究の経験)を進める	1	2	3	4	5
⑧ 事務職員の国際化(外国 語運用能力の向上)、外国 人事務職員を採用を進める	1	2	3	4	5
⑨ 海外とのネットワーク(留 学生等)構築する	1	2	3	4	5
⑩ 海外拠点を形成する	1	2	3	4	5
⑪ グローバルに広報を展開 する	1	2	3	4	5
⑫ 英語だけで取得可能な 学位プログラムがある	1	2	3	4	5
⑬ 英語で学べる副専攻プロ グラムがある	1	2	3	4	5
⑭ 英語で学べるいくつかの 授業がある	1	2	3	4	5
⑮ クォーター制を導入する	1	2	3	4	5

その他（ご自由にお答えください）

Q4　「海外留学に行く機会を増やす（派遣学生数の増加を図る）」ためには、どのような方策が必要であると思われますか。

※最も近いと思われる数字に○をつけてください。

	全く必要ではない	あまり必要ではない	どちらともいえない	少し必要である	非常に必要である
① クォーター制を導入する	1	2	3	4	5
② 学生交換協定校を拡大する	1	2	3	4	5
③ 短期派遣プログラムを開発する	1	2	3	4	5
④ 奨学金制度を整備する	1	2	3	4	5
⑤ 何らかの財政的支援が必要である	1	2	3	4	5

⑥その他、具体的な方策がありましたらご記入ください。

Q5　どのようなタイプの「短期派遣プログラムの開発」が必要と思われますか。

※最も近いと思われる数字に○をつけてください。

	全く必要ではない	あまり必要ではない	どちらともいえない	少し必要である	非常に必要である
① 語学を専ら学ぶプログラム	1	2	3	4	5
② 課題解決型プログラム Problem Based Learning や Project Based Learning	1	2	3	4	5
③ 海外でのインターンシップ	1	2	3	4	5

	全く必要 ではない	あまり必要 ではない	どちらとも いえない	少し必要 である	非常に必要 である
④ 海外でのボランティア	1	2	3	4	5
⑤ 海外でのフィールドワーク	1	2	3	4	5

⑥その他、具体的な方策がありましたらご記入ください。

Q6 「海外から日本で学ぶ留学生を増やす（受入留学生数の増加を図る）」ためには、どのような方策が必要であると思われますか。

※最も近いと思われる数字に○をつけてください。

	全く必要 ではない	あまり必要 ではない	どちらとも いえない	少し必要 である	非常に必要 である
① 学生交換協定校を増やす	1	2	3	4	5
② セメスター制等から、クォーター制などの学期制に変更する	1	2	3	4	5
③ 英語だけで取得可能な学位プログラムを開発する	1	2	3	4	5
④ 英語で学べる副専攻のようなコースを開発する	1	2	3	4	5
⑤ 英語で学べる複数の科目を開設する	1	2	3	4	5
⑥ 日本語で学べる短期プログラムを開発する	1	2	3	4	5
⑦ 外国人留学生寮を整備する	1	2	3	4	5
⑧ 奨学金制度を整備する	1	2	3	4	5

	全く必要 ではない	あまり必要 ではない	どちらとも いえない	少し必要 である	非常に必要 である
⑨ 学費減免制度を整備する	1	2	3	4	5
⑩ 何らかの財政的支援が必要である	1	2	3	4	5

⑪その他、具体的な方策がありましたらご記入ください。

Q7　受入留学生数を増やすことで、期待する（期待される）効果について、下記の各項目をどの程度重視しますか。

※最も近いと思われる数字に○をつけてください。

	全く重視 しない	あまり重視 しない	どちらとも いえない	少し重視する	非常に重視 する
① 学内で国際交流することができる	1	2	3	4	5
② 外国人留学生と交流することで、多様な価値観を享受することができる	1	2	3	4	5
③ 外国人留学生と交流することで、異文化を理解することができる	1	2	3	4	5
④ 外国人留学生を受け入れることで、授業が活性化する	1	2	3	4	5

⑤その他、期待される効果等がありましたらご記入ください。

Q8 クォーター制を導入することによって、期待する（期待される）効果として下記の項目をどの程度重視しますか。

※最も近いと思われる数字に○をつけてください。

	全く重視しない	あまり重視しない	どちらともいえない	少し重視する	非常に重視する
① 短期海外派遣が促進される	1	2	3	4	5
② 交換留学（6か月以上）が促進される	1	2	3	4	5
③ 海外でのインターンシップやボランティアなどのフィールドワークが促進される	1	2	3	4	5
④ 国内での学習体験が促進される	1	2	3	4	5
⑤ 学生の自主性を高める	1	2	3	4	5
⑥ 学生の自学自習時間（学生の予習・復習をする時間）が増える	1	2	3	4	5
⑦ アクティブ・ラーニングの機会が増える	1	2	3	4	5
⑧ 集中して教育を行うことにより、批判的思考力やチームで働く力が身につく	1	2	3	4	5

⑨その他、具体的に期待される効果がありましたらご記入ください。

Q9　今後どの地域を重点地域として指定して、留学生募集を行いたいです
　　か。下記の地域をどの程度重視しますか。その理由もお教えください。

※最も近いと思われる数字に○をつけてください。

	全く重視 しない	あまり重視 しない	どちらとも いえない	少し重視する	非常に重視 する
① アジア	1	2	3	4	5
② ヨーロッパ	1	2	3	4	5
③ 北米	1	2	3	4	5
④ 南米	1	2	3	4	5
⑤ オセアニア	1	2	3	4	5
⑥ アフリカ	1	2	3	4	5

Q10　今後東南アジアのどの国を重点地域として指定して、留学生募集を行
　　いたいですか。下記の国をどの程度重視しますか。

※最も近いと思われる数字に○をつけてください。

	全く重視 していない	あまり重視 していない	どちらとも いえない	ある程度重視 している	非常に重視 している
① タイ	1	2	3	4	5
② マレーシア	1	2	3	4	5
③ インドネシア	1	2	3	4	5
④ ベトナム	1	2	3	4	5
⑤ ミャンマー	1	2	3	4	5
⑥ ラオス	1	2	3	4	5
⑦ フィリピン	1	2	3	4	5
⑧ カンボジア	1	2	3	4	5
⑨ シンガポール	1	2	3	4	5
⑩ ブルネイ・ダルサラーム	1	2	3	4	5
⑪ 東ティモール	1	2	3	4	5

Q11 今後東アジアのどの国を重点地域として指定して、留学生募集を行いたいですか。下記の国をどの程度重視しますか。

※最も近いと思われる数字に○をつけてください。

	全く重視していない	あまり重視していない	どちらともいえない	ある程度重視している	非常に重視している
① 中国	1	2	3	4	5
② 香港	1	2	3	4	5
③ マカオ	1	2	3	4	5
④ 韓国	1	2	3	4	5
⑤ モンゴル	1	2	3	4	5

Q12 大学が着実にグローバル戦略を実行していくために、ガバナンスはどのようにあるべきと考えますか。

※最も近いと思われる数字に○をつけてください。

	全く重視しない	あまり重視しない	どちらともいえない	少し重視する	非常に重視する
① 学長のリーダーシップが必要である	1	2	3	4	5
② トップダウン型の組織文化が必要である	1	2	3	4	5
③ ボトムアップ型の組織文化が必要である	1	2	3	4	5
④ ミドルアップ・ダウン型の組織文化が必要である	1	2	3	4	5
⑤ グローバル化の必要性について大学構成員が理解することが必要である	1	2	3	4	5
⑥ 短期海外派遣のために、別途実習費として徴収すべきである	1	2	3	4	5
⑦ 留学生募集や教育・研究のために、海外拠点を形成すべきである	1	2	3	4	5
⑧ 外国人留学生の定員枠を作る必要がある	1	2	3	4	5

Q13 大学がグローバル化を行っていくうえで、上記以外で必要となる観点
や方策がありましたら、具体的にご記入ください。

ご多忙のところ、アンケートにご協力いただきまして誠にありがとうござい
ました。

参 考 文 献

Edited by Altbach, Philip G. and Jorge Balan（2007）, *World-Closs Worldwide: Tranfering Research Universities in Asia & Latin America*, The Johns Hopkins University Press. フィリップ・G. アルトバック、ホルヘ・バラン編、米澤彰純監訳（2013）『新興国家の世界水準大学戦略——世界水準をめざすアジア・中南米と日本』東信堂。

Edited by Gonzalez, Julia Robert Wagenear（2008）, *Tuning Educationl Structures in Europe Universities7 Contoribute to the Bologna Process: An introduction, 2nd editon.* フリア・ゴンザレス・ロベルトワーヘナール編著、深堀聡子・竹中亭訳（2012）『欧州教育制度のチューニング——ボローニャ・プロセスへの大学の貢献』明石書店。

Gayoso, Romulo Werran（2014）, *HOW TO WIN IN EVERY SCENARIO*, Romulo Werran Gayoso. 奈良潤訳（2015）『戦略のためのシナリオ・プランニング——勝ち残りの思考と意思決定』フォレスト出版。

Kaplan, Robert S. and David P. Norton（2004）, *Strategy Map*, Harvard Business School Press. 櫻井通春他監訳（2005）『戦略マップ——バランスト・スコアカードの新・戦略実行フレームワーク』ランダムハウス講談社。

Kaplan, Robert S. and David P. Norton（2001）, *THE STRATEGY-FORCUSED ORGANIZATION*, Harvard Business School Publishing. 櫻井通春監訳（2001）『キャプランとノートンの戦略バランスト・スコアカード』東洋経済新報社。

Kaplan, Robert S. and David P. Norton（1996）, *THE BALANCED SCORECARD*, Harvard Business School Press. 吉川武男訳（2001）『バランス・スコアカード——新しい経営指標による企業変革』生産性出版。

Kotler, Philip（2001）, *A Framework for Marketing, First Edition*, Prentce-Hall. 恩藏直人監修、月谷真紀訳（2004）『コトラーのマーケティング・マネジメント　基本編』ピアソン・エデュケーション。

Kouzes, James M. and Barry Z. Posner（2003）, *Academic Administrator's Guide to Exemplary Leadership*, John Wiley & Sons. 高木直二訳（2010）『大学経営　起死回生のリーダーシップ』東洋経済新報社。

Niven. Paul R.（2006）, *BALANCED SCORECARD STEP BY STEP for Government and Nonprofit Agencies*, John Wiley & Sons, 吉川武男監訳（2006）『行政・非営利組織のバランス・スコアカード』生産性出版。

OECD and The International Bank for Reconstruction and Development/The

World Bank（2007），*Cross-Border Tertiary Education: A WAY TOWARDS CAPACITY DEVELOPMENT*．OECD教育研究革新センター・世界銀行編著、斎藤里美監訳、徳永優子・矢倉美登里訳（2008）『国境を越える高等教育』明石書店。

Porter, Michael Eugene（1982），*COMPETITIVE STRATEGY*, The Free Press, A Divisions of Macmillan Publishing．土岐坤他訳（2014）『競争の戦略』ダイヤモンド社。

Van Der Heijden, Kees（1998），*SCENARIOS*, John Wiley & Sons．西村行功訳（2009）『シナリオ・プランニング──戦略的思考と意思決定』ダイヤモンド社。

Wade, Woody（2012），*SCENARIO PLANNING-A Field Guide to the Future*, Wade & Company, SA，野村恭彦監訳（2013）『シナリオ・プランニング──未来を描き、創造する』英治出版。

天野郁夫（2013）『大学改革を問い直す』慶應義塾大学出版会。

池田充裕（2012）「第四章　シンガポール──世界の頂点目指す自治大学化と米中を結ぶ新大学の誕生」、北村友人・杉村美紀（共編）『激動するアジアの大学改革──グローバル人材を育成するために』上智大学出版、pp. 64-81。

石川真由美編（2016a）『世界大学ランキングと知の序列化──大学評価と国際競争を問う』京都大学学術出版会。

石川真由美（2016b）「大学ランキングと知の序列化──国際競争のなかの日本の大学」、石川真由美編『世界大学ランキングと知の序列化──大学評価と国際競争を問う』京都大学学術出版会、pp. 5-33。

石原俊彦編著（2004）『自治体バランス・スコアカード』東洋経済新報社。

伊藤克容（2002）「ブランド戦略のための管理会計システム」成蹊大学経済学部論集、pp. 111-130。

小野嘉男（2000）「ヨーロッパ単位互換制度（ETCS-European Credit Transfer System）」大学評価・学位授与機構 研究紀要 学位研究第 12 号、pp. 3-28。

加藤和彦（2016）『IoT 時代のプラットフォーム競争戦略──ネットワーク効果のレバレッジ』中央経済社、p. 87。

川原淳次（2004）『大学経営戦略──財務会計・格付け・資金管理の基礎知識』東洋経済新報社。

北村友人・杉村美紀（共編）（2012）『激動するアジアの大学改革──グローバル人材を育成するために』上智大学出版。

木戸裕（2008）「ヨーロッパの高等教育改革、ボローニャ・プロセスの進展状況を中心として」レファレンス 2008 年 8 月号、pp. 1-27。

黒田一雄編（2013）『アジアの高等教育ガバナンス』勁草出版、pp. 8-22。

櫻井道晴（2008）『バランスト・スコアカード——理論とケース・スタディ』同文舘出版。

佐藤幹（2013）『自治体・非営利組のマネジメント・コントロール——バランスト・スコアカードの効用と限界』創成社。

佐藤由利子（2014）「オーストラリアにおける留学生政策と技術移民政策の関係性の変化」移民政策学会 2013 年度春季大会発表要旨集、ページ不詳。

重田勝介（2014）『オープンエデュケーション——知の開放は大学教育に何をもたらすか』東京電機大学出版局、pp. 96-115。

杉岡秀紀（2007）「大学と地域との地学連携によるまちづくりの一考察」同志社大学政策学研究第 9 巻第 1 号、pp. 77-96。

杉村美紀（2012）『第六章 マレーシア——国際学生移動のトランジット・ポイント」、北村友人・杉村美紀（共編）『激動するアジアの大学改革——グローバル人材を育成するために』上智大学出版、pp. 99-114。

杉村美紀（2008）「アジアにおける留学生政策と留学生移動」アジア政経学会「アジア研究」Vol. 54、pp. 10-25。

杉本和弘（2012）「第十四章 オーストラリア——アジア太平洋地域を舞台にした国際教育の展開と質保証」、北村友人・杉村美紀（共編）『激動するアジアの大学改革——グローバル人材を育成するために』上智大学出版、pp. 227-242。

鈴木康郎（2012）「第五章 タイ——高等教育の大衆化と ASEAN 統合に向けた国際的地位の向上」、北村友人・杉村美紀（共編）『激動するアジアの大学改革——グローバル人材を育成するために』上智大学出版、pp. 83-98。

「スーパーグローバル協奏曲」『週刊ダイヤモンド』（2015.11.7 発刊）株式会社ダイヤモンド社、pp. 36-47。

大学管理行政学会財務研究グループ編著（2014）『これならわかる！ 学校会計——いまさら聞けない・これから知りたい』学校経営研究会。

『大学ランキング 2016 年度版』（2015 年 4 月 25 日発行）朝日新聞出版。

高嶋裕一ほか（2006）「地域貢献活動を大学教員はどのように理解しているか」岩手県立大学総合政策第 7 巻第 2 号、pp. 171-185。

舘　昭（2010）「ボローニャ・プロセスの意義に関する考察」名古屋高等教育研究第 10 号、pp. 161-178。

中嶋嶺雄（2012）『学歴革命　秋田発　国際教養大学の挑戦』KK ベストセラーズ。

南雲岳彦（2014）「戦略策定と戦略実行の連動に関する考察」メルコ管理会計研究、pp. 15-25。

藤井翔太（2016）「基礎解析 1 世界大学ランキングの概要」石川真由美編『世界大学ランキングと知の序列化——大学評価と国際競争を問う』京都大学学術出版会、pp. 350-351。

藤井誠一郎（2008）「私立大学の収益事業の制度を利用した地域貢献の可能性」同志社大学政策科学研究第 10 巻第 2 号、pp. 127-137。

松村豊大（2012）「大学の地域貢献についての一考察――地域に受け入れられる地域貢献活動とは」徳島文理大学研究紀要第 83 号、pp. 91-97。

水戸英則編（2014）『今、なぜ「大学改革」か？――私立大学の戦略的経営の必要性』丸善プラネット。

諸星裕（2008）『消える大学残る大学――全入時代の生き残り戦略』図書印刷。

吉川武男（2007）『バランス・スコアカードの知識』日本経済新聞出版社。

吉見俊哉（2011）『大学とは何か』岩波新書。

米澤彰純（2012）「グローバル化と世界大学ランキング」『IDE 現代の高等教育』No. 540、pp. 22-27。

渡辺浩志（2010）「九州大学活性化の取組み」活動実績とまとめ（冊子）。

綿貫健治（2016）『世界大学ランキングと日本の大学――ワールドクラス・ユニバーシティへの道』学文社。

（海外文献）

Heike Jöns and Michael Hoyler (2013), *Global geographies of higher education: The perspective of world university rankings*, Geoforum Volume 46, pp. 45-59.

Isidro F. Aguillo, Judit Bar-Ilan, Mark Levene, José Luis Ortega (2010), *Comparing university rankings*, Scientometrics Volume 85, pp. 243-256.

John V. Lyons (2008), *The use of scenarios for long-range planning by investor-owned electric utilities in the Pacific Northwest*, ProQuest Dissertations Publishing.

Kurt Schobel and Cam Scholey (2012), *Balanced Scorecards in education: focusing on financial strategies*, Measuring Business Excellence Vol. 16 No. 3, pp. 17-28.

Ljupco Eftimov, Predrag Trpeski, Gjorgji Gockov, Vesna Vasileva. (2016), *DESIGNING A BALANCED SCORECARD AS STRATEGIC MANAGEMENT SYSTEM FOR HIGHER EDUCATION INSTITUTIONS: A CASE STUDY IN MACEDONIA*, Ekonomika1602029E, pp. 29-48.

Margaret B. Glick, Thomas J. Chermack, Henry Luckel, Brian Q. Gauck (2012), *Effects of scenario planning on participant mental models*, European Journal of Training and Development 36 No. 5, pp. 488-507.

Mu-Hsuan Huang (2012), *Opening the black box of QS World University Rankings*, Research Evaluation 21, pp. 71-78.

Myroslava Hladchenko（2015）, *Balanced Scorecard - a strategic management system of the higher education institution*, International Journal of Educational Management Vol. 29 No. 2, pp. 167-176.

Paul J H. Schoemaker（1995）, *SCENARIO PLANNING: A TOOL FOR STRATEGIC THINKING*, Sloan Management Review 36.2, p. 25.

Paul R. Niven（2010）, *Balanced Scorecard: Step-by-Step for Government and Nonprofit Agencies*, John Wiley & Sons, Inc.

Philip Hallinger（2014）, *Riding the tiger of world university rankings in East Asia: where are we heading?*, The International Journal of Educational Management Vol. 28 No. 2, pp. 230-245.

Richard B. Nyuur（2015）, *Unlocking the potential barriers on SMEs' uptake of scenario planning*, Journal of Strategy and Management Vol. 8 No. 2, pp. 139-154.

Robert S. Kaplan and David P. Norton（2007）, *Alignment: Using the Balanced Scorecard to Create Corporate Synergies*, Harvard Business School Publishing Cooperation.

Robert S. Kaplan and David P. Norton（1996）, *Using the Balanced Scorecard as a Strategic Management System*, Harvard Business Review, January-February.

Sandra K. Evans（2011）, *Connecting adaptation and strategy: The role of evolutionary theory in scenario planning*, Futures Volume 43, Issue 4, pp. 460-468.

Simon Marginson（2007）, *Global University Rankings: Implications in general and for Australia*, Journal of Higher Education Policy and Management Vol. 29: 2, pp. 131-142.

Shun-Hsing Chen（2010）, *The establishment and comparison of the balanced scorecard for profit and non-profit organizations*, African Journal of Business Management Vol. 4（14）, pp. 3005-3012.

Susan Wright（2015）, *Anthropology and the "imaginators" of future European universities*, Focaal-Journal of Global and Historical Anthropology 71, pp. 6-17.

（Web Page）

「ASEAN University Network ASEAN+3 UNet Universities」（unknown）, http://www.aunsec.org/membership.php, 2015 年 11 月 24 日閲覧。

「MOOCs」（unknown）, http://moocs.com/, 2015 年 11 月 21 日閲覧。

「QS World Universiy Rankings 2016-2017」, http://www.topuniversities.com/university-rankings/world-university-rankings/2016, 2016 年 10 月 4 日

閲覧。

「The Times Higher Education World University Rankings 2016-2017」, https://www.timeshighereducation.com/world-university-rankings/2017/world-ranking#!/page/0/length/25/sort_by/rank_label/sort_order/asc/cols/stars, 2017 年 2 月 10 日閲覧。

「Universites Rankings」(2015), http://www.topuniversities.com/university-rankings, 2015 年 11 月 28 日閲覧。

「What's UMAP」(unknown), http://www.umap.org/UMAP_ST2/WebFrontPage/ Introduction.aspx, 2015 年 11 月 24 日閲覧。

「World University Rankings 2015-2016: results announced」(2015), https://www. timeshighereducation. com/news/world-university-rankings-2015-2016-results-announced, 2015 年 11 月 28 日閲覧。

秋庭裕子 (2013)「マレーシアの教育事情——留学生受入れ大国を目指して」日本学生支援機構ウェブマガジン「留学交流」2013 年 1 月号 Vol. 22、pp. 1-6、http://www.jasso.go.jp/about/documents/akibahiroko.pdf、2015 年 11 月 29 日閲覧。

「IoT」【Internet of Things】モノのインターネット／インターネットオブシングス (2013)、http://e-words.jp/w/IoT.html、2015 年 11 月 21 日閲覧。

SMBC フレンド証券 (2015.11.16)「投資情報部 松野利彦 11 月 16 日、17 日記 」、http://www.smbc-friend.co.jp/market/report/domestic/、2015 年 11 月 21 日閲覧。

上別府隆男 (2011)「タイ、マレーシア、シンガポールの留学生政策と地域の学生交流」日本学生支援機構ウェブマガジン「留学交流」2011 年 4 月号 Vol. 1、pp. 1-7、http://www.jasso.go.jp/about/documents/takaokamibeppu.pdf、2015 年 11 月 24 日閲覧。

佐倉裕子 (2015)「PEST分析とは何か」、http://www.sbbit.jp/article/cont1/29171、2015 年 11 月 29 日閲覧。

「JMOOC」(unknown), http://www.jmooc.jp/, 2015 年 11 月 21 日閲覧。

「情報システム用語辞典 PEST 分析」(unknown)、http://www.itmedia.co.jp/im/articles/0812/01/news147.html、2015 年 11 月 29 日閲覧。

駐日欧州連合代表部 公式ウェブマガジン (unknown)「外国での勉学や経験を支援する『エラスムス・プラス』」、http://eumag.jp/feature/b0614/、2015 年 11 月 24 日閲覧。

角山茂章 (2014)「Innovation Coast」、http://www.meti.go.jp/earthquake/nuclear/pdf/pdf/140414/140414_01e.pdf、2015 年 11 月 27 日閲覧。

日経ビジネスオンライン (2014.12.17)「IoT は日本企業にとって大きなチャンス 森川博之・東京大学先端科学技術研究センター教授」、http://business.nikkeibp.co.jp/article/opinion /20141216/275230/?rt=nocnt、

2015 年 11 月 21 日閲覧。

日経ビジネスオンライン（2014.7.22）「インダストリー 4.0」、http://business. nikkeibp.co.jp/ article/world/20140717/268842/?rt=nocnt、2015 年 11 月 21 日閲覧。

日本 GE（unknown）「インダストリアル・インターネット」、http://www. ge.com/jp/company/industrial_internet/、2015 年 11 月 21 日閲覧。

日本総合研究所調査部マクロ経済研究センター（2015）「2015 年 11 月号『日本経済展望』」、http://www.jri.co.jp/report/medium/publication/japan、p. 9、2015 年 11 月 21 日閲覧。

みずほ銀行（2015）「中期為替相場見通し 2015 年 11 月 2 日【見通しの概要】国際為替部チーフマーケット・エコノミスト唐鎌大輔」、http://www. mizuhobank.co.jp/rate/market/pdf/mid/midcba.pdf、2015 年 11 月 21 日閲覧。

宮田春夫（2013）「UMAP を通じた新潟大学の交流事例」日本学生支援機構ウェブマガジン「留学交流」2013 年 9 月号 Vol. 30、pp. 1-5、http://www. jasso.go.jp/ about/documents/201309miyataharuo.pdf、2015 年 11 月 24 日閲覧。

MEMORVA「世界大学ランキング・順位（2016-2017 年）——タイムズ・ハイアー・エデュケーション」、http://memorva.jp/ranking/world/the_world_university_rankings_2016-2017.php、2016 年 9 月 26 日閲覧。

ロイター東京（2015.11.18）、http://jp.reuters.com/article/2015/11/18/stocks-today- idJPKCN0T736R20151118、2015 年 11 月 21 日閲覧。

（政府、地方自治体、大学等刊行物など）

会津大学（2016）「平成 28 年度 4 月から 4 学期制がスタート」、http://www.u-aizu.ac.jp/2016QuarterSystem.pdf、2016 年 4 月 26 日閲覧。

会津大学（2015）『GUIDE BOOK 2016』。

会津大学（2014a）「キャンパスインフォメーション」、http://www.u- aizu.ac.jp/ events/ ventureno1.html、2015 年 11 月 27 日閲覧。

会津大学（2014b）「2014 年度 スーパーグローバル大学等事業『スーパーグローバル大学創成支援』構想調書タイプ B」。

秋田県（2010）「平成 17 年秋田県産業連関表」、秋田県企画振興部調査統計課、https://www.pref.akita.lg.jp/www/contents/1269577092662/files/houkokusyo.pdf、2015 年 11 月 27 日閲覧。

一般財団法人秋田経済研究所（2013）「国際教養大学が地域に及ぼす経済波及効果」（報告書）、http://web.aiu.ac.jp/wp-content/uploads/2013/11/Akita-International- E2%80%99s-Economic-Ripple-Effect-on-the-Community_2.pdf、2015 年 11 月 27 日閲覧。

一般社団法人国立大学協会（2015）「平成 28 年度国立大学関係予算の確保・充実について（要望）」（2015 年 8 月 6 日）。

一般社団法人国立大学協会（2014）「平成 27 年度国立大学関係予算の確保・充実について（要望）」（国大協企画第 82 号 2014 年 7 月 24 日）。

外務省（2015a）「ASEAN 共同体の設立に向けて」、http://www.mofa.go.jp/mofaj/press/pr/wakaru/topics/vol133/index.html、2015 年 12 月 7 日閲覧。

外務省（2015b）「シンガポール基礎データ」、http://www.mofa.go.jp/mofaj/area/singapore/data.html、2015 年 11 月 29 日閲覧。

九州大学（2010）「トピックス」、http://www.kyushu-.ac.jp/topics/index_read.php?B_Code=2623、2015 年 11 月 20 日閲覧。

九州大学（2008a）「QUEST-MAP（簡略版）」、http://hyoka.ofc.kyushu-.ac.jp/QUEST/ QUEST-MAP -simple-20070611.pdf、2015 年 12 月 2 日閲覧。

九州大学（2008b）「Q1：『QUEST-MAP』とは何ですか」、http://hyoka.ofc.kyushu-u.ac.jp/QUEST/qa01.html、2015 年 12 月 2 日閲覧。

教育再生実行会議（2015）「『学び続ける』社会、全員参加型社会、地方創生を実現する教育の在り方について（第六次提言）」、https://www.kantei.go.jp/jp/singi/kyoikusaisei/pdf/dai6_1.pdf、2015 年 11 月 27 日閲覧。

教育再生実行会議（2013a）大竹美喜委員「グローバル・キャリア教育産業の創設と育成の必要性」、第八回目会議資料（2013 年 5 月 22 日付）、https://www.kantei.go.jp/jp/singi/kyouikusaisei/dai8/siryou3.pd、2015 年 11 月 27 日閲覧。

教育再生実行会議（2013b）「これからの大学教育等の在り方について（第三次提言）」、http://www.mext.go.jp/b_menu/shingi/chukyo/chukyo4/004/gijiroku/attach/1338229.htm、2015 年 11 月 27 日閲覧。

教育再生実行会議（2013c）http://www.kantei.go.jp/jp/singi/kyouikusaisei/kaisai.html、2015 年 11 月 27 日閲覧。

国際教養大学（2015）「数字で見る国際教養大学（2015 年 4 月 1 日現在）」、http://web.aiu.ac.jp/about/data、2016 年 4 月 26 日閲覧。

国際教養大学（2014）「2014 年度 スーパーグローバル大学等事業『スーパーグローバル大学創成支援』構想調書タイプ B」。

国際教養大学（2013）「国際教養大学が地域に及ぼす経済波及効果について」、http://web.aiu.ac.jp/news/2013/11/29_7346.html、2015 年 11 月 27 日閲覧。

『国際教養大学 大学案内 2015-2016』（2015）。

芝浦工業大学（2015.10.22）「ニュース 学校法人芝浦工業大学の監事機能を強化します」、http://www.shibaura-it.ac.jp/news/2015/40150172.html、2016 年 1 月 3 日閲覧。

芝浦工業大学（2015.10.2）「ニュース『経済産業省 産学連携サービス経営人材育成事業』に採択」、http://www.shibaura-it.ac.jp/news/2015/40150144.html、2015 年 12 月 18 日閲覧。

芝浦工業大学（2015）「『まちづくり』『ものづくり』を通した人材育成推進事業」、http://plus.shibaura-it.ac.jp/coc/、2015 年 12 月 18 日閲覧。

芝浦工業大学（2014a）「男女共同参画推進室」、http://plus.shibaura-it.ac.jp/diversity/、2016 年 6 月 9 日閲覧。

芝浦工業大学（2014b）「2014 年度 スーパーグローバル大学等事業『スーパーグローバル大学創成支援』構想調書タイプ B」。

芝浦工業大学（2013）「e-learning『スーパー英語』」、http://www.shibaura-it.ac.jp/student/class/e-learning.html、2016 年 4 月 26 日閲覧。

首相官邸（2015）「まち・ひと・しごと創生基本方針 2015―ローカル・アベノミクスの実現に向けて―」（2015 年 6 月 30 日閣議決定）、http://www.kantei.go.jp/jp/topics/2015/20150630hontai.pdf、2015 年 11 月 27 日閲覧。

首相官邸（2014）「まち・ひと・しごと創生総合戦略　地方大学等創生 5 か年戦略（まち・ひと・しごと総合戦略）」（2014 年 12 月 27 日閣議決定）、2015 年 11 月 27 日閲覧。

首相官邸（2013）「教育再生実行会議」、http://www.kantei.go.jp/jp/singi/kyouikusaisei/kaisai.html、2016 年 10 月 9 日閲覧。

JUNBA（2016）「JUNBA News & Archives」、http://www.junba/org/indxx-j.html、2017 年 2 月 20 日閲覧。

JUNBA 2016 in JAPAN「10 年を振り返る」（2016）、シンポジウム基調講演資料、p. 20。

総務省（2017）「人口推計――平成 29 年 1 月報」（2017 年 1 月 20 日）、stat.go.jp/data/jinsui/pdf/201701.pdf、2017 年 2 月 20 日閲覧。

総務省（2014）「我が国の労働力人口と非労働力人口 我が国の高齢化の推移と将来推計」、http://www.soumu.go.jp/johotsusintokei/whitepaper/ja/h26/html/nc141210.html、2015 年 11 月 27 日閲覧。

東北大学（2014）「2014 年度 スーパーグローバル大学等事業『スーパーグローバル大学創成支援』構想調書タイプ A」。

独立行政法人大学評価・学位授与機構（unknown）「ボローニャ・プロセスに関する主な合意文書・宣言」、http://www.niad.ac.jp/n_kokusai/block2/1191501_1952.html、2015 年 11 月 24 日閲覧。

独立行政法人労働政策研究・研修機構（2013）「企業における高度外国人材の受入れと活用に関する調査」、http://www.jil.go.jp/institute/research/2013/110.html、2015 年 12 月 6 日閲覧。

内閣府男女共同参画局（2010）「第 3 次男女共同参画基本計、第 12 分野　科学

技術・学術分野における男女共同参画」、http://www.gender.go.jp/about_danjo/basic_plans/3rd/、2016 年 6 月 9 日閲覧。

日本学術振興会（2016a）「大学の世界展開力強化事業」、http://www.jsps.go.jp/j-tenkairyoku/download.html、2016 年 4 月 18 日閲覧。

日本学術振興会（2016b）「平成 28 年度大学の世界展開力強化事業審査結果」、http://www.jsps.go.jp/j-tenkairyoku/data/shinsa/h28/j_h28_tenkai_kekka.pdf、2016 年 10 月 10 日閲覧。

日本学生支援機構（2014）「平成 26 年度外国人留学生在籍状況調査」、http://www.mext.go.jp/b_menu/shingi/chukyo/chukyo3/047/siryo/__icsFiles/afieldfile/2013/11/11/1341292_4.pdf、2015 年 11 月 27 日閲覧。

日本学生支援機構（2013）「協定等に基づく日本人学生留学状況調査結果」、http://www.jasso.go.jp/statistics/intl_student/documents/short_term13.pdf、2015 年 11 月 27 日閲覧。

日本銀行（unknown）「日本銀行を知る・楽しむ」、https://www.boj.or.jp/announcements/education /oshiete/seisaku/b20.htm/、2015 年 11 月 21 日閲覧。

日本私立学校振興・共済事業団（2015）「平成 27（2015）年度私立大学・短期大学等入試志願動向」、http://www.shigaku.go.jp/files/shigandoukou271.pdf、p. 2、2015 年 12 月 24 日閲覧。

日本私立学校振興・共済事業団（2012a）「私学の経営分析と経営改善計画」、www.shigaku.go.jp/files/tebiki1-24.3.pdf、2015 年 12 月 21 日閲覧。

日本私立学校振興・共済事業団（2012b）「平成 24 年度版 今日の私学財政 大学・短期大学編」。

日本私立大学連盟（2014）「新学校法人会計基準の財務比率に関するガイドライン」。

福井大学（2015）「平成 27 年度大学教育再生戦略推進費 『地（知）の拠点大学による地方創生推進事業（COC+）』構想調書」、http://www.jsps.go.jp/j-coc/data/sentei_torikumi/15_COC_Fukui.pdf、2015 年 11 月 27 日閲覧。

法務省（2012）「入国管理局 高度人材ポイント制とは？」、http://www.immi-moj.go.jp/newimmiact_3/system/、2015 年 12 月 6 日閲覧。

文部科学省（2016a）「学校基本調査」、http://www.mext.go.jp/b_menu/toukei/chousa01/kihon/1267995.htm、2016 月 10 月 9 日閲覧。

文部科学省（2016b）「スーパーグローバル大学創成支援事業 37 大学の達成目標（H26 実績：平均）」（JUNBA 2016 in JAPAN 基調講演資料）。

文部科学省（2016c）「平成 28 年度大学の世界展開力強化事業」、http://www.mext.go.jp/b_menu/houdou/28/09/1376892.htm、2016 月 10 月 9 日閲覧。

文部科学省（2015a）「下村博文文部科学大臣記者会見録（平成 27 年 6 月 30 日）」、http://www.mext.go.jp/b_menu/daijin/detail/1359178.htm、2017 年 7 月 25 日閲覧。

文部科学省（2015b）「地方創生のための大都市圏への学生集中是正方策について」（2015 年 6 月 30 日）報道発表、http://www.mext.go.jp/b_menu/shingi/chukyo/chukyo4/gijiroku/__icsFiles/afieldfile/2015/07/10/1359837_19.pdf、2015 年 11 月 27 日閲覧。

文部科学省（2015c）「日本人の海外留学状況」、http://www.mext.go.jp/a_menu/koutou/ryugaku/__icsFiles/afieldfile/2015/03/09/1345878_01.pdf、2015 年 11 月 27 日閲覧。

文部科学省（2014a）「過年度卒業者を含めた進学率（就学率）の推移」、http://www.mext.go.jp/component/b_menu/houdou/__icsFiles/afieldfile/2014/08/07/1350732_01.pdf、2015 年 11 月 27 日閲覧。

文部科学省（2014b）「下村文部科学大臣会見（平成 26 年 9 月 26 日）」、http://www.mext.go.jp/b_menu/daijin/detail/1352139.htm、2017 年 7 月 25 日閲覧。

文部科学省（2014c）「スーパーグローバル大学創成支援」、http://www.mext.go.jp/a_menu/koutou/kaikaku/sekaitenkai/1360288.htm、2015 年 11 月 21 日閲覧。

文部科学省（2014d）「地（知）の拠点大学による地方創生推進事業（COC+）」、http://www.mext.go.jp/a_menu/koutou/kaikaku/coc/、2016 年 4 月 25 日閲覧。

文部科学省（2013a）「学校法人会計基準の一部改正について（通知）（25 文科高第 90 号：平成 25 年 4 月 22 日）」。

文部科学省（2013b）「下村博文文部科学大臣記者会見録（平成 25 年 6 月 14 日）」、http://www.mext.go.jp/b_menu/daijin/detail/1336043.htm、2017 年 7 月 25 日閲覧。

文部科学省（2013c）「下村博文文部科学大臣記者会見録（平成 25 年 4 月 16 日）」、http://www.mext.go.jp/b_menu/daijin/detail/1333298.htm、2017 年 7 月 25 日閲覧。

文部科学省（2013d）「下村博文文部科学大臣記者会見録（平成 25 年 1 月 15 日）」、http://www.mext.go.jp/b_menu/daijin/detail/1329572.htm、2017 年 7 月 25 日閲覧。

文部科学省（2013e）「大学入学者選抜 大学教育の現状 18 歳人口と高等教育機関への進学率等の推移」、https://www.kantei.go.jp/jp/singi/kyouikusaisei/dai11/sankou2.pdf、2015 年 11 月 27 日閲覧。

文部科学省（2012a）「世界の高等教育機関の学生数と大学進学率の増加」、http://www.mext.go.jp/component/b_menu/shingi/toushin/__

icsFiles/afieldfile/2012/10/04/1325048_6.pdf/shingi/giji/__icsFiles/afieldfile/2013/04/17/1333454_11.pdf、p. 1、2016 年 4 月 30 日閲覧。

文部科学省（2012b）「第 108 回大学分科会、第 20 回大学教育部会配布資料」、http://www.mext.go.jp/b_menu/shingi/chukyo/chukyo4/siryo/attach/__icsFiles/afieldfile/2012/07/27/1323908_1.pdf、2015 年 11 月 27 日閲覧（文部科学省が OECD「Education at a Glance 2012」を基に作成）。

文部科学省（2010）「（別紙）1％の業務の効率化の評価の具体的な方法について」、http://www.mext.go.jp/b_menu/shingi/dokuritu/gaiyou/attach/1325844.htm、2016 月 4 月 23 日閲覧。

文部科学省（2009）「帰属収入で消費支出を賄えない学校法人の推移」、http://www.mext.go.jp/a_menu/koutou/shinkou/07021403/005/001.htm、2015 年 12 月 24 日閲覧。

文部科学省他（2008）「留学生 30 万人計画骨子」、http://www.kantei.go.jp/jp/tyoukanpress/rireki/2008/07/29kossi.pdf、2015 年 11 月 27 日閲覧。

文部科学省（unknown）「エラスムス計画」、http://www.mext.go.jp/b_menu/shingi/chukyo/chukyo4/007/gijiroku/030101/2-7.htm、2015 年 11 月 24 日閲覧。

文部科学省（unknown）「公立大学の財政」、http://www.mext.go.jp/a_menu/koutou/kouritsu/detail/1284531.htm、2016 年 4 月 23 日閲覧。

【監修者略歴】

石原 俊彦 （いしはら・としひこ）

1989 年 3 月　関西学院大学大学院商学研究科博士課程後期課程満期退学
1989 年 8 月　公認会計士登録
2000 年 3 月　博士（商学）の学位を関西学院大学から授与される
2005 年 4 月　関西学院大学大学院経営戦略研究科教授（現在に至る）
2009 年 2 月　日本人初の英国勅許公共財務会計士（CPFA）資格取得
2011 年 8 月　第 30 次地方制度調査会委員
2014 年 7 月　一般社団法人英国勅許公共財務会計協会日本支部代表理事（現在に至る）
2015 年 7 月　英国勅許公共財務会計協会 CIPFA 本部理事（現在に至る）

【筆者略歴】

荒木利雄 （あらき・としお）

1988 年 3 月　大阪教育大学教育学部卒業
1988 年 4 月　株式会社池田銀行入行
1989 年 9 月　学校法人龍谷大学入職
2004 年 4 月　龍谷大学学生部課長
2008 年 3 月　龍谷大学教学企画部課長
2010 年 4 月　龍谷大学キャリアセンター次長（課長職管掌）
2014 年 4 月　龍谷大学国際部次長
2016 年 3 月　関西学院大学大学院経営戦略研究科専門職学位課程経営戦略専攻修了
2016 年 4 月　関西学院大学大学院経営戦略研究科博士課程後期課程先端マネジメント専攻入学（現在に至る）
2016 年 4 月　龍谷大学グローバル教育推進センター事務部長（現在に至る）

大学経営国際化の基礎 CIPFA Japan Textbook No.2

2017 年 5 月 25 日初版第一刷発行

監　修　石原俊彦
著　者　荒木利雄

発行者　田中きく代
発行所　関西学院大学出版会
所在地　〒 662-0891
　　　　兵庫県西宮市上ケ原一番町 1-155
電　話　0798-53-7002

印　刷　協和印刷株式会社